Coacher pour la première fois

Éditions Eyrolles
61, bd Saint-Germain
75240 Paris cedex 05

www.editions-eyrolles.com

ISBN : 978-2-212-54412-1

François Souweine
François Delivré
Noëlle Philippe

et l'Académie du Coaching

Coacher pour la première fois

EYROLLES
Éditions d'Organisation

Sommaire

Table des concepts

Introduction

Toute personne, lorsqu'elle commence à exercer un nouveau métier, a une « première fois ». Un commerçant a son premier client, un médecin son premier patient, un ingénieur sa première visite de chantier, un professeur son premier cours.

Les coachs qui se lancent dans le métier ne font pas exception à la règle. Ils se trouvent devant un défi intéressant, mais complexe : savoir utiliser les compétences techniques nouvellement acquises et, en même temps, savoir faire appel à leur personne. Du moins est-ce notre conviction pour l'exercice du métier de coach dans ce qu'il a de spécifique : la qualité d'être de la personne du coach y joue un rôle fondamental. Il en va de même pour la conscience du coach sur le processus de séance, notamment sa vigilance vis-à-vis du kit de survie*[1] constitué de la personne coachée, de celle du coach et de leur relation.

Nous poursuivons un premier but dans cet ouvrage : relater comment quelques-unes de ces « premières fois » se sont déroulées pour de « jeunes coachs », un peu comme on raconte des histoires. Ces hommes et ces femmes y parlent de leur premier coaching, avec les rebondissements, leurs réussites, leurs hésitations, et parfois aussi leurs faux pas.

1. Les astérisques signalent les termes explicités en annexe 2.

Mais nous ne souhaitons pas simplement raconter des aventures chaque fois singulières. Nous avons également voulu, au travers de ces récits, faire œuvre pédagogique. Ce livre s'adresse donc aux jeunes coachs qui vivent leur « première fois » et cherchent à faire du mieux possible. Il s'adresse aussi aux professionnels confirmés qui font face, encore et toujours, aux défis récurrents que pose l'exercice de ce métier passionnant. Nous le savons en effet par expérience : plus la compétence augmente, plus l'expérience est importante, et plus il est facile d'oublier les fondamentaux de ce métier subtil, complexe et complet. C'est pourquoi nous avons évalué ces cas de « premier coaching » avec une exigence particulière de professionnalisme, tout en veillant à assurer la nécessaire bienveillance pour la personne des jeunes coachs.

L'origine des cas

Cet ouvrage est issu de notre expérience d'enseignants d'une école professionnelle de coaching en entreprise. Après avoir enseigné les bases du métier en quelques sessions, nous demandons aux élèves qui poursuivent leur formation professionnelle d'engager un « premier coaching ».

Nous recommandons aux « jeunes coachs[1] » de choisir un coaching facile, c'est-à-dire dont l'enjeu ne comporte pas de risque pour le client ou pour eux-mêmes. Sont donc exclues des problématiques majeures telles que démission, licenciement, harcèlement, etc.

1. Nous utiliserons par la suite la dénomination « jeune coach » qui a l'avantage de se décliner au féminin comme au masculin. L'adjectif « jeune » est à prendre de façon relative : la plupart des « jeunes coachs » ont entre quarante et soixante ans.

La sélection des cas

Nous avons choisi des premiers coachings relativement significatifs des difficultés habituelles que rencontrent de jeunes coachs : leur légitimité à coacher, la difficulté à établir un « contrat », la façon de mener des « coachings prescrits* », etc. L'annexe 1 donne un résumé de ces principales difficultés.

Les jeunes coachs ne sont évidemment pas des professionnels aguerris, même si certains font preuve d'un talent singulier. C'est comme si la formation leur donnait un « permis de coacher », l'équivalent d'un permis de conduire. Ils doivent à la fois se lancer sur la route et rester prudents en cas de chaussée glissante ou autre incident. Il s'agit pour eux d'éviter les accidents, ce qui se traduit par un adage simple applicable à notre métier : « Un bon amateur sait ce qu'il fait. Un bon professionnel sait surtout ce qu'il ne doit pas faire. »

La structure du livre

Le livre comprend quatre parties :

- Les récits eux-mêmes, évalués par des professionnels du coaching ;
- Quelques considérations sur les difficultés couramment rencontrées par les coachs au début de leur métier (annexe 1) ;
- Un résumé des concepts, outils, techniques et procédures mentionnés dans le livre (annexe 2). Pour les approfondissements, le lecteur est invité à se reporter à l'étude de ces concepts dans les ouvrages spécialisés ;
- La « fiche d'évaluation de séance* » qui sert de référence pour l'évaluation des séances à l'Académie du Coaching, ainsi que pour la mise en situation lors de l'examen de certification.

La confidentialité

Nous avons profondément remanié les cas en modifiant le nom des personnes, le secteur d'activité de leur entreprise, les lieux du coaching, parfois même le sexe du coach ou celui de son client. Les cas sont publiés avec l'accord des anciens élèves qui les ont rédigés dans le cadre de leur mémoire de fin d'étude qui vaut pour la partie écrite de la certification professionnelle délivrée par l'école.

La vision du coaching

Tout bon professionnel convient que, pour bien exercer un métier, il faut être en bonne possession des facultés personnelles exigées par celui-ci. Prendre soin de soi est donc un souci déontologiquement nécessaire. Un chirurgien qui est malade n'opère pas, un pilote d'avion qui souffre de la vue ne pilote pas son appareil, un thérapeute ne soigne pas quelqu'un de sa propre famille pour veiller à la neutralité, etc.

Tout le monde en convient. Mais, dans le cas du métier de coach, notre récente profession oscille entre deux visions assez différentes de la place qu'elle accorde à la personne du coach dans l'exercice du métier :

- Dans une première vision, le coach se veut un bon professionnel, au sens où « il sait ce qu'il ne faut pas faire », et n'est donc ni un amateur ni un charlatan. Il se veut neutre, le plus possible, extérieur à la problématique qu'il traite chez le client. Il utilise donc un questionnement pertinent, la reformulation, l'écoute rogérienne, etc. La personne du coach n'apparaît pas, sinon dans la façon qu'elle a de mener l'entretien. Ce qu'elle ressent face à la personne du client et sa problématique n'est pas utilisé, et ce qu'apporte le client et qui fait écho dans la personne du coach n'est pas pris comme matériau de travail. Les coachs qui ont cette approche du professionnalisme estiment ne pas avoir besoin de « travail thérapeutique* » puisqu'ils ne se servent pas de leur propre personne.

- Dans la seconde façon de considérer le métier, le coach estime que sa personne intervient inévitablement, et de façon majeure. Il s'en sert donc abondamment, et est en particulier très attentif à l'écho que provoque en lui ce qui se passe chez la personne coachée. Cette façon de mener un coaching est, à notre avis, bien plus riche et efficace que la première. En contrepartie, le coach doit assumer l'inévitable subjectivité de l'utilisation de sa propre personne, c'est-à-dire être le plus possible au clair avec lui-même. Il s'efforce en particulier de veiller à ce que sa propre structure psychique ne lui joue pas de tours. En conséquence, il accepte l'exigence d'un travail thérapeutique* soutenu, préliminaire à l'exercice du métier et, encore mieux, de façon permanente.

  Dans cette façon d'exercer le métier, le coach travaille en prenant en compte la personne qu'il est. Il est attentif à la relation qui s'établit avec le coaché, à la similitude de problématique entre lui et son coaché, à ses réactions physiques, émotionnelles, tandis qu'il travaille. Toute sa personne est impliquée. Cette implication nécessite qu'il ait un lieu thérapeutique pour pouvoir continuellement éclaircir ses problématiques.

La seconde approche nous semble plus subtile, plus respectueuse du client et, de fait, plus exigeante en professionnalisme indéniablement, car le métier vu de cette façon est plus difficile à exercer, à apprendre, et donc à enseigner.

C'est cette seconde vision du coaching que nous enseignons, et nous l'avons naturellement adoptée dans cet ouvrage.

Les enseignants de l'Académie du Coaching

Les auteurs

François Souweine, François Delivré et Noëlle Philippe ont assuré la direction de cet ouvrage en tant que fondateurs et enseignants de l'Académie du Coaching. Ils ont supervisé la réécriture des cas du livre à partir des récits originaux et l'évaluation professionnelle du travail des *enseignants en formation*. Ils ont également contribué à la rédaction des « fiches concepts » de l'annexe 1 et ont validé son professionnalisme et assuré sa vérification finale.

Des *anciens élèves* ont accepté que leur mémoire de certification serve à ce livre. Ils resteront anonymes. Nous nous sommes assurés auprès d'eux que ces mémoires avaient été suffisamment transformés pour que l'on ne puisse pas les reconnaître eux-mêmes, ni leurs clients. Que tous ces jeunes coachs soient ici chaleureusement remerciés pour leur contribution à l'accroissement du professionnalisme de coach.

Les anciens élèves actuellement en *formation d'enseignant* de l'Académie du Coaching ont réécrit les cas du livre à partir des récits originaux et ont procédé à l'évaluation professionnelle du travail des jeunes coachs. Ils ont également contribué à la rédaction des « fiches concepts » de l'annexe 1. Ce sont Thierry Houdaille, Maya Khallouf, Dominique Bailly, Isabelle Destival, Arnaud Bornens, Jean-Philippe Di Piazza, Sophie Schrobiltgen.

Merci aussi à François Giordan, Caroline Heim, Thierry Roland et Pierre Sagnes pour leur contribution aux réécritures et aux évaluations des cas.

François Delivré a assuré la coordination de l'écriture et l'homogénéisation du style.

Ils ont coaché pour la première fois

Pseudonyme du coaché	**Thème du coaching**
Luc	Avant tout, rester vigilant à soi-même
Oui-Oui	Oser son premier coaching
Georges	Disposer de méthodes solides
Heather	Parler de ce qui se passe en séance
Patrick	Coacher sans vouloir sauver l'autre
Hector et Zeboss	Veiller au contrat de coaching
Fred Tertio	S'autoriser à agir dans la relation et le processus
Alain	Assurer la protection du client
Pascale	Valider les acquis

Luc :
Avant tout, rester vigilant à soi-même

Le contexte du coaching

La jeune coach a déjà assuré quelques missions d'accompagnement en coaching interne dans une multinationale de la distribution d'énergie.

Le coaché qu'elle va à présent accompagner, c'est Luc, un polytechnicien de 50 ans, chargé avec trois autres « cadres sup » de réorganiser les services clients de l'une des quatre régions de France. Il se trouve dans le « vivier » des cadres pressentis pour des postes de direction.

Luc effectue sa mission avec l'objectif d'aller vite pour être prêt le plus rapidement possible, et avance effectivement plus vite que ses collègues. Mais, tout à coup, son patron lui annonce qu'il est relevé de sa mission et sorti du vivier. Il est rapidement remplacé et on lui confie une nouvelle mission à caractère technique, mais comportant de forts enjeux stratégiques.

Son patron lui explique alors que cette décision est due à ses difficultés relationnelles qui sont apparues tant en interne (autres services) qu'en externe (avec les responsables de région). Pour être à nouveau dans le vivier, Luc devra suivre un coaching.

Le récit de la jeune coach, premier entretien

J'ai accepté ce coaching et ai immédiatement reçu Luc en entretien. Tout se déroule de façon assez classique. Après nos présentations respectives et mes explications sur ce qu'est le coaching, Luc me présente son parcours professionnel, les situations difficiles ou complexes qu'il a bien gérées. Puis il en vient à son dernier poste et son appréciation des causes de son échec. De fait, quelques situations du passé montraient que ses comportements laissaient présager ce qui s'est passé récemment.

Je laisse s'exprimer Luc et imagine déjà quel pourrait être le fil conducteur du contrat de coaching.

Bien vu !

L'écoute attentive permet d'établir le « kit de survie* ».

Pour arriver au contrat, j'utilise l'analyse de la demande* – réalité, problème*, besoin*, demande* :

La réalité

- *« Je suis au top technique sur les sujets complexes, mais suis trop fixé sur les objectifs techniques. »*
- *« Je n'ai pas assez tenu compte des responsabilités stratégiques de mes interlocuteurs. »*
- *« J'ai été trop sûr de moi et ai cherché à imposer mes idées, de manière très directe, et parfois même brutale. »*
- *« On me surnomme "le guerrier". »*

Le problème

Je demande : *« Imaginons qu'à l'issue de l'accompagnement, tu me remercies pour avoir réussi. De quoi me remercierais-tu ? »* (Utilisation de la « baguette magique* ».)

Luc : *« Comprendre "la politique" et en tenir compte dans mes actions et dans ma communication. »*

Je lui fais expliciter les critères de cette compréhension « politique ».

Luc : *« Au-delà d'une compréhension intellectuelle, il me faudrait parvenir à acquérir une méthode de rendez-vous, une façon d'écrire (courriels) et une manière de conduire les réunions qui prenne en compte la qualité relationnelle et donne moins d'importance aux conflits. »*

Bien vu !

Le problème est déjà bien cerné. Le jeune coach pourrait en profiter pour proposer un contrat de processus*, c'est-à-dire une façon de travailler en coaching. Exemple : *« Seriez-vous d'accord pour que, pendant nos séances, nous partions de cas concrets de vos rendez-vous, gestion de courriers, etc., et examinions ce qu'il serait possible de faire ? »*

Le besoin*

De quoi aurait besoin Luc pour parvenir à cette situation rêvée ? Je lui pose la question et il me répond :

- *« Savoir tourner sept fois sa langue dans sa bouche avant d'intervenir lorsque la tension monte. »*
- *« Savoir mentir ou ne pas dire, si la situation ne s'y prête pas. »*
- *« J'ai lu des livres de sciences politiques, il faudrait que je sache un peu mieux "mettre des gants". Je me dis : "Il faut que tu te comportes plus comme le Prince*, au sens de l'ouvrage de Machiavel." »*

Moi : *« Ça correspond à tes valeurs ? »*

Luc : *« Non, j'aime les philosophes grecs stoïques, mais il faut que j'apprenne à mentir lorsque c'est utile pour l'intérêt public ou la paix sociale. »*

Bien vu !

L'approfondissement de la référence à Machiavel est opportun. De Machiavel à machiavélique, il n'y a en effet qu'un pas. La question du jeune coach éclaire donc utilement le cadre de référence* de la personne coachée.

Attention !

Comme souvent en coaching, le véritable « besoin* » de la personne coachée émerge difficilement. Qu'y a-t-il de commun, en profondeur, à tous les besoins exprimés par Luc ? Ici, c'est l'intuition du coach qui joue. Par exemple, se poser la question : « De quoi Luc a-t-il peur pour agir ainsi ? De quoi aurait-il besoin pour avoir moins peur ? »

Notre suggestion !

Tant qu'on en est aux besoins, demander à Luc ce dont il aura besoin en séance pour travailler correctement, quelle attitude du coach lui serait utile.

Il sera opportun que la jeune coach utilise sa propre personne et ce qu'elle ressent face à la personne et à la problématique de Luc.

La demande*

Je pose « la question qui tue » : « *Qu'attends-tu de moi ?* »

Il réfléchit et répond :

- « *Savoir si mon autodiagnostic est bon.* »
- « *Jusqu'où aller ou pas dans ma démarche vers le Prince*. »*
- « *Le fait d'avoir un coach interne qui connaît la culture de notre boîte me permet de faire la part des choses entre notre management "aseptisé", courant chez nous, et la provocation à laquelle j'ai parfois cédé.* »

Attention !

Là encore, il est rare que le coaché mentionne clairement sa demande* à cette étape qui devrait permettre de déboucher sur un contrat clair. Il est ici plus question des besoins de séance que des enjeux du coaching de Luc, mais les informations recueillies sont précieuses.

Le contrat

Nous l'élaborons à partir du contrat type de coaching interne de notre entreprise et mentionnons deux objectifs en accord avec Luc :

- mieux connaître ses atouts personnels et ses points à améliorer en termes de communication et de savoir être ;
- acquérir de nouvelles façons de faire et de réagir, surtout en situation conflictuelle.

Le contrat comporte un indicateur : l'autodiagnostic sur des exemples concrets de situations vécues avec une posture différente de celle qui aurait été adoptée par le passé et ce, de manière naturelle et durable.

Un deuxième indicateur sur la satisfaction de sa hiérarchie aurait été souhaitable, mais il me paraissait impossible à mettre en place compte tenu des conditions peu claires de la mission actuelle de Luc.

Attention !

Ne pas aller plus avant dans ce second indicateur est peut-être sage… à condition que cela ne se retourne pas contre le coach ou le coaché, au final, au moment du bilan. Le récit du jeune coach ne mentionne pas si ce point a été évoqué au moment de l'entretien tripartite, espérons qu'il l'a été…

Les « phrases clés »

Quelques phrases et expressions de Luc m'ont frappée :

- *« Il faut que tu ailles en quatrième vitesse pour ne pas te faire avoir. »* Cela m'a tout de suite fait penser au driver « dépêche-toi » de l'AT ; le « ne pas te faire avoir » sera à approfondir ;
- *« Pour moi, notre boîte est comme une famille… Je pensais qu'on pouvait tout se dire comme on le fait dans une famille : on se dit les choses, même si elles fâchent, on décide vite, on prend le taureau par les cornes. »*
- *« Pour le relationnel, je suis meilleur en interne (avec mon équipe) qu'en externe. »*

Bien vu !

Plus encore que les éléments factuels, certains mots ou expressions de la personne coachée sont plus significatifs que les autres : expressions imagées, mimiques, etc. Ils permettent, selon les typologies de personnalité maîtrisées par le coach, d'émettre des hypothèses de diagnostic. Soigneusement notées, ces expressions peuvent être reprises en cours de coaching au moment opportun, pour éclairer le coaché sur sa problématique.

Mon diagnostic

Avant tout, j'ai perçu quelqu'un d'honnête et d'agréable, qui ne cherche pas à se voiler la face, qui reconnaît ses erreurs et est prêt à s'investir pour progresser. Cela s'est confirmé par la suite : boulimie de livres, ceux que je lui conseille et ceux qu'il a cherchés par lui-même.

Il m'a demandé que l'on se rencontre très souvent pour que le coaching aboutisse rapidement car il espère prendre un poste au début de l'année prochaine !

Il fait en général cavalier seul pour mener à bien ses missions. Il a conscience de tout ceci et reconnaît que c'est ce qui l'amène à se mettre dans des situations qui lui sont néfastes.

Notre hypothèse !

Le coaching est bien parti : il semble n'y avoir méconnaissance* ni de la réalité ni du problème.

Les terrains glissants

- certains souhaits de changement (cf. ce qu'il y a derrière sa vision du « Prince* ») ;
- après avoir lu *Le pouvoir de négocier* de François Delivré, Luc m'a indiqué que deux chapitres lui avaient posé problème : « Jeux de pouvoir » et « Manipulations ». Lorsque je lui demande pourquoi, il répond : *« Je me suis dit que peut-être je me suis fait manipuler, ou peut-être que je pourrais moi-même manipuler. »*

Attention !

Pour qui est le terrain glissant ? Pour le coach ou pour Luc ? Le jeune coach (qui a des valeurs humanistes et une forte éthique) a une vision négative du mot « manipuler » et de la référence à Machiavel évoquée par Luc.

Notre suggestion !

Veiller à son propre cadre de référence*.

- Sa démarche semble avant tout celle de quelqu'un qui cherche à modifier ses comportements, et le risque est qu'il se construise une « sur-couche » sans opérer les changements plus profonds qui lui seraient bénéfiques. Pour l'instant, après avoir parlé avec lui, je ne crois pas qu'il perçoive encore ce que cela recouvre.

*Ma stratégie de coaching**

Du côté de « l'être »

Le premier objectif du contrat (travailler d'abord dans « l'être » avant le « faire ») et l'indicateur d'atteinte de l'objectif (de manière naturelle et durable) suggèrent l'idée d'un changement 2*. J'envisage en ce sens :

- Un travail sur sa relation aux autres, en partant de sa propre perception des choses, et sur ses réactions violentes ; un travail sur sa colère ;
- La notion de « famille » évoquée plus haut se rapporte à des croyances qui lui sont néfastes en entreprise. Leur évolution pourrait permettre de lever des méconnaissances* sur l'impact de son comportement ou de ses paroles ;
- J'ai abordé avec lui la question de sa relation à « l'autorité » et lui ai dessiné le cycle de l'autonomie*. De fait, son rapport à l'autorité a déjà été jugé difficile par le passé. Il me semble qu'il est souvent dans le stade « indépendant » et pourrait utilement passer à l'interdépendance.

En utilisant une grille de personnalités

S'il a un fort côté « persévérant » (au sens de la *Process Com*[1]), sa colère est probablement une émotion de substitution et le modèle *Process Com* dit que c'est la peur. Or il dit ne pas avoir peur… Alors ?

1. Process Communication.

S'il a un côté promoteur (ce que m'ont laissé présager son goût à agir seul, son côté fonceur qui n'aime ni le *reporting* ni les réunions de recherche de consensus), sa problématique sera le lien. Etc.

Bien vu !

Le jeune coach complète son diagnostic intuitif par une analyse plus rationnelle en utilisant des modèles qu'elle connaît bien.

Du côté du « faire »

Je compte l'aider à travailler sur son désir de se comporter en « Prince*[1] », à partir de situations concrètes pour vérifier s'il est en accord avec ses valeurs.

Ses lectures personnelles m'ont permis de comprendre sa démarche et de sortir de l'image stéréotypée attachée au nom de Machiavel. Je lui en ai conseillé quelques-unes à mon tour.

Le bilan après quelques séances

Sur le processus de coaching*

Luc est quelqu'un de très cartésien et j'en tiens compte dans la manière dont j'aborde son coaching. Je lui ai déjà expliqué un certain nombre de concepts : cycle de l'analyse de la demande*, rapport à l'autorité, économie des signes de reconnaissance*, estime de soi* et ses trois composantes, etc. Il arrive toujours en ayant préparé un document écrit. Il lit beaucoup, ce que je lui conseille et ce qu'il trouve dans les bibliographies ou par recherche personnelle.

Bien vu !

Accepter le cadre de référence* de la personne coachée lui permet de prendre conscience et d'avancer plus efficacement.

1. « Prince » au sens de l'annexe 2, et non en référence à l'ouvrage de Machiavel !

D'ailleurs, dès la seconde séance, Luc est arrivé avec une analyse écrite de situations concrètes : comment il a réagi et comment selon lui il aurait dû réagir.

Pour chaque séance, il s'est toujours préparé consciencieusement.

Mon auto-évaluation

- Est-il prêt pour un changement de niveau 2 et, si oui, quand ?
- L'ordre, la logique et l'enchaînement des sujets abordés sont-ils pertinents ?
- Je regrette, au début, de m'être trop laissé guidée par le document préparé par Luc car nous avons dû l'analyser et cela a retardé le travail. Il consent à m'envoyer désormais ce type de document avant la séance.

Bien vu !

Au regard de la subjectivité potentielle de la personne coachée quant à son autodiagnostic.

Attention !

Pour des coachings futurs en de semblables cas, il sera opportun de prendre davantage la position haute* sur le démarrage du coaching et des séances, pour rester libre d'analyser ou non les écrits apportés par le coaché.

Une intervention dommageable ?

Avec le recul, je vois une intervention qui aurait pu être dommageable*. Dans une séance sur la colère, je lui ai suggéré que, quand il sentait venir la colère, il serait judicieux d'en parler à une tierce personne pour évacuer et avoir une autre vision. J'ai omis la protection* quant au choix de l'interlocuteur : il faut peut-être mieux en parler avec quelqu'un d'extérieur au bureau.

Attention !

Effectivement, jamais de permission* sans protection* !

Les signes de reconnaissance*

Ceux que je lui ai donnés dans ma communication

- Au début : « *Ton autodiagnostic me semble très bon.* »
- Et tout le travail démarré sur ses points forts.

Ceux que j'ai reçus, qui m'ont fait du bien et rassurée

« *Cela me renvoie à des choses qui m'ont déjà été dites par des supérieurs hiérarchiques par le passé.* »

À l'occasion d'une métacommunication* de ma part – « *J'ai l'impression qu'on patouille* * *un peu, ça te va comme façon d'avancer aujourd'hui ?* » –, il m'a indiqué que ma démarche lui convenait très bien.

Le jour où la séance a eu lieu dans la ville de Luc : « *Merci de t'être déplacée.* »

Bien vu !

Même si, avec l'expérience, il est nécessaire à un coach de devenir de moins en moins dépendant des signes de reconnaissance* qu'envoie le coaché… ça fait du bien ! Donc, pour de jeunes coachs, ne pas bouder ces manifestations de reconnaissance.

Le bilan de mi-parcours

Luc dit avoir progressé, et lors de l'entretien de mi-parcours, son patron l'a reconnu. Beaucoup de travail reste à faire, mais Luc est bien parti pour réussir.

Je suis satisfaite du travail accompli, du sien et du mien aussi. J'ai toujours un peu peur de mal faire et c'est une piste que j'ai décidé de travailler avec mon thérapeute.

En conclusion

Il est grand temps que je démarre la supervision !

Bien vu !

Oui, c'est indispensable à tout coach digne de ce nom.

Notre analyse globale

La jeune coach fait preuve d'un professionnalisme solide. Elle connaît les incontournables du coaching, méthodes et procédures, et les utilise de façon méthodique.

Elle marie harmonieusement le diagnostic rationnel et le diagnostic intuitif.

Elle s'interroge sur sa pratique, également de façon méthodique.

Notre regret : la coach n'exprime pas suffisamment ce qu'elle ressent :

- face à la personne coachée ;
- face à la problématique exposée par le coaché.

Si elle en avait plus conscience, elle pourrait plus facilement discerner si elle est ou non en capacité d'aider le coaché. Si la personnalité de ce dernier, ou la situation qu'il évoque, réveille chez elle des problématiques* personnelles, peut-elle travailler en prenant suffisamment de recul ?

Cette conscience permet également au coach une acuité de vigilance. L'effet sur soi que provoque la personne du coaché ou sa problématique renvoie parfois le coach à son histoire personnelle, ou à ses propres cadres de référence*. Ceci peut alors polluer le travail (comme cela a failli être le cas pour Machiavel dans l'exemple de Luc).

Oui-Oui : Oser son premier coaching

Le contexte du coaching

Venant du secteur du recrutement après un long passage dans le monde du spectacle, la jeune coach débute dans le métier. Elle évoque ici avec beaucoup de fraîcheur ses premières séances de coaching avec « Oui-Oui », un jeune manager qui encadre une équipe d'une quinzaine de personnes au sein d'une agence de communication. Tout commence par un rendez-vous obtenu avec le P-DG et le DG de cette agence...

Le récit de la jeune coach, prise de contact

Après un sentiment de joie, je suis prise de doute. Vais-je être à la hauteur ? Je n'ai encore jamais fait de coaching ! Bien sûr, mon expérience d'*assesment* me donne une bonne connaissance de l'entreprise et des entretiens, mais il s'agit là, pour moi, d'un nouveau métier. Je me dis que je suis peut-être un peu « gonflée » de m'être vendue comme coach !

Attention !

Syndrome de l'imposteur à traiter dans son espace thérapeutique.

Après m'être présentée, me voilà partie dans l'analyse de la demande*. Dans un premier temps, mes interlocuteurs m'expliquent l'organisation de la structure puis me parlent du problème de leur collaborateur : « *C'est un superbosseur qui a du potentiel, empathique, style "premier de la classe", avec un côté "gendre idéal",* *très exigeant avec lui-même, mais pas un bon manager : il ne sait pas dire non. »*

J'explore l'environnement* : quelles relations Oui-Oui entretient-il avec ses pairs, membres du comité de direction comme lui ? Il semble qu'il n'en ait pas. « *Certains le pensent "faux-cul", d'autres estiment qu'il a des problèmes "psy". Mais tout le monde le trouve compétent et regrette qu'il ne dise jamais ce qu'il pense.* »

Je poursuis mes investigations : « *Quelles relations a-t-il avec son équipe ?*

— *Il a du mal avec les seniors : les plus énergiques sont partis, et il n'a gardé que des gens très lisses.*

— *Et avec ses clients ?*

— *Il est très apprécié, considéré comme disponible, sérieux, fiable, novateur.* »

Je demande au P-DG et au DG quel est leur objectif et ce qu'ils attendent de moi : ils souhaitent aider Oui-Oui à changer d'attitude. Plutôt que de répondre à toutes les sollicitations de ses collègues, mieux vaudrait qu'il se concentre sur ses clients et réponde à moins d'appels d'offres.

Ce premier tour d'horizon étant fait, il me semble important de savoir ce qu'en pense Oui-Oui. Est-il d'accord avec cette démarche de coaching ? Lui ont-ils dit ce qu'ils en attendaient ? Il semble que les choses soient claires et que Oui-Oui soit intéressé. Je n'en suis pas si sûre : n'accepte-t-il pas uniquement le coaching parce qu'il ne sait pas dire non ?

Bien vu !

Excellent ! La jeune coach est consciente d'un possible processus parallèle*. Un entretien tripartite permettrait de le vérifier.

Nous en venons alors au contrat : méthodologie, honoraires (parler d'honoraires, que je me sens mal ! Je vends un savoir-faire que je ne maîtrise pas. Il faut que j'en parle avec mon psy !).

Bien vu !

Bon réflexe, travail à faire sur l'estime de soi*. De façon concrète, il est recommandé à un jeune coach d'établir une fourchette de tarifs dans laquelle il se sent bien : ni trop bas (le tarif en dessous duquel le coach se dévalorise) ni trop haut (tarif au-dessus duquel il se sent contraint à un surcroît d'effort).

Je leur demande qui sera l'interlocuteur responsable* avec qui je pourrai échanger au cours du coaching. Ils me répondent qu'ils gèrent en direct.

Attention !

Des ennuis peuvent survenir ensuite lorsque le coach n'exige pas que ce soit une seule personne et qu'elle accepte deux interlocuteurs – voire tout un service administratif impersonnel. Or, ici, il y a deux hiérarchiques impliqués !

Pour conclure, je leur précise qu'avant toute chose, Oui-Oui et moi devons nous rencontrer pour savoir si nous pourrons travailler ensemble. Je propose que ce soit lui qui m'appelle. À sa réactivité, je pourrai mesurer son degré d'implication dans cette démarche

Attention !

C'est une très bonne idée mais cela ne remplace pas une nécessaire réunion à trois pour s'assurer que le « contrat tripartite* » est solidement établi.

Au sortir de cet entretien, je suis contente. Celui-ci s'est bien passé, le contact est bon. Je reste lucide : je n'ai pas beaucoup de mérite. Je connais le P-DG depuis de nombreuses années et nous nous apprécions (professionnellement j'entends !).

Notre hypothèse !

Ce trait d'humour pose la problématique de la part de séduction de la jeune coach dans ses relations avec son prescripteur. Est-elle libre par rapport au P-DG ? Est-elle prête à lui déplaire (par exemple s'il cherche à savoir subrepticement ce qui se passe en coaching avec Oui-Oui) ? Le problème de la séduction serait à aborder en supervision ou thérapie.

Plusieurs questions me viennent à l'esprit : est-ce que j'ai bien fait le tour du sujet ? Ai-je tous les éléments pour conduire au mieux ce coaching ? Je n'ai pas évoqué l'entretien tripartite ni proposé de faire cosigner la proposition au coaché. Intuitivement, cela ne m'a pas paru opportun. C'est peut-être une erreur. On verra.

Attention !

Oui, c'est une erreur. Le processus de contractualisation doit être pris très au sérieux. Le coach aurait-il peur de confronter les parties ? Aurait-il peur de perdre le contrat… ou de déplaire au prescripteur ?

Compte tenu de ce qu'ils m'ont dit, je me mets ensuite à gamberger sur les problématiques de Oui-Oui. Elles semblent liées à sa personne, à ses relations avec ses collègues, à son management. J'ai tout d'un coup une montagne de questions, le champ est vaste, est-ce que je saurai faire ?

Notre suggestion !

Pour un jeune coach, le professionnalisme naissant serait plutôt de se concentrer sur les préoccupations de base : établir la relation, analyser la demande, bâtir un contrat clair, être prêt à métacommuniquer* si quelque chose ne va pas.

La première séance

Avant de recevoir Oui-Oui, j'imagine le « gendre idéal » !

Attention !

Toujours l'humour ! En outre, la jeune coach arrive à l'entretien avec son propre cadre de référence*. Sera-t-elle ouverte à l'inconnu de la personne de Oui-Oui, attitude d'ouverture à renouveler à chaque nouvelle séance ?

Ce premier rendez-vous nous permet de mettre des mots sur ce qu'est un coaching, la méthodologie (je dis « nous » car, pour moi, ce métier devient pour la première fois concret). Le contact est bon, la relation est bonne, le kit de survie* est là !

Attention !

Comment le savoir si vite ? La fraîcheur et le contact aisé de la jeune coach ne doivent pas lui faire oublier que la relation est à construire pas à pas et qu'elle doit mobiliser sa vigilance en permanence.

Très vite, Oui-Oui me parle de ses problèmes : il n'arrive pas à dire les choses de manière directe ; boulimique de boulot, il ne parvient pas à faire des choix et a du mal à résister aux sollicitations de ses pairs et supérieurs hiérarchiques. S'il ne sait pas dire non, c'est par peur de déplaire. Il aime plaire et séduire (à ce moment une petite veilleuse s'allume : attention… et s'il essayait d'être dans la séduction avec moi ? Je me connais, je peux me faire piéger !).

Bien vu !

Excellent réflexe ! La jeune coach (qui a déjà mentionné la séduction) est attentive à l'apparition possible d'un processus parallèle* dans lequel le coaché la « séduirait » comme il « séduit » les personnes de son entreprise.

L'échange se poursuit et je pose à Oui-Oui des questions ouvertes qui me permettent de faire un tour d'horizon sur son équipe, ses pairs, ses supérieurs hiérarchiques, la stratégie de l'entreprise, l'organisation (avec laquelle il n'est pas tout à fait d'accord), sa mission… Il peine à me parler précisément de sa mission et de ses objectifs réels car il accepte trop souvent de faire le travail d'autrui. Nous terminons cet entretien sur ce sujet…

Attention !

L'une des difficultés d'un jeune coach est de se rassurer en accumulant tellement d'informations sur le « réel » qu'il en oublie les autres points de l'analyse de la demande* : problème*, besoin* et demande*.

… Et je lui demande pour notre prochaine séance de me définir sa mission, ses responsabilités.

Notre suggestion !

Aller au-delà de cette proposition. Proposer un premier contrat de coaching dès la première séance… même si ce contrat est justement de préciser le contrat de coaching à la séance suivante !

Le bilan après la première séance

Il est tard et je suis pourtant pleine d'énergie ! J'ai appris beaucoup de choses, nous avons eu un très bon contact. En analysant cet entretien un peu plus à fond, je me rends compte qu'il n'y a pas eu de contrat de séance*.

Attention !

Eh oui ! La jeune coach aurait pu brièvement poser un cadre au début de la prise de contact, du genre : « *Je vous propose pour cette première séance que nous fassions connaissance et que je prenne connaissance de votre contexte professionnel. Puis j'aimerais savoir le ou les problèmes que vous souhaitez traiter en coaching et ce que je pourrais faire pour vous. Cela vous convient-t-il ?* »

Je tente alors de poser un diagnostic sur Oui-Oui. J'ai eu en face de moi quelqu'un de très contrôlé, qui ne laissait pas paraître ses émotions. Il a le souci de travailler en harmonie avec les gens, que ce soit en interne ou en externe. Lorsqu'il parlait de ses problèmes, j'aurais peut-être dû rebondir et commencer à travailler sur l'un d'entre eux. Mais cela me semblait trop tôt. Je constate que si j'ai analysé le réel, la problématique, je ne suis pas allée sur ses besoins* profonds… mais je n'ai pas fait d'intervention dommageable*…

Attention !

Exact, là encore ! La jeune coach déroule pour son bilan de séance la « fiche d'évaluation de séance*[1] » qui lui a été enseignée en formation.

1. Jointe en annexe à la fin de ce livre.

Je ne l'ai pas fait progresser ! Je l'ai questionné, me suis servie de mon expérience de recruteuse pour comprendre la situation, mais rien de plus. Franchement, peut mieux faire.

Bien vu !

Bien sûr que la jeune coach peut mieux faire ! Mais elle débute ! Si elle prend son auto-analyse avec le sourire et sans se dévaloriser, elle commencera le long travail d'amélioration constante qui est le propre des bons professionnels et ne s'arrête pas tant qu'on exerce le métier.

La deuxième séance

Oui-Oui me dit que, suite à ma demande, il a travaillé à préciser sa « mission ». Il m'explique alors, en pourcentages, le temps qu'il passe en développement et fidélisation de clients, en conquête de nouveaux clients, en management de son équipe, en représentation de l'agence à l'extérieur, au comité de direction. Il conclut en me disant que ce travail d'inventaire lui a été très utile. Il ajoute qu'il se demande s'il ne passe pas trop de temps en développement plutôt qu'en management de son équipe, et si c'est vraiment ce que l'on attend de lui.

Notre suggestion !

C'est le moment d'approfondir l'analyse de la demande* ébauchée à la première séance et d'élaborer un contrat. Oui-Oui voudrait-il que le coaching débute par un travail d'approfondissement de sa mission ? Ce serait tout à fait envisageable puisque cela correspond aussi à la demande des hiérarchiques.

Comme nous en étions convenus à la séance précédente, je lui fais alors passer le MBTI et l'IPPS (cousin du PAPI[1]).

1. MBTI : *Myers Briggs Type Indicator* ; IPPS : *Inventaire de personnalités primaires et secondaires* ; PAPI : *Personality And Preference Inventory.*

Attention !

La jeune coach a probablement besoin de se rassurer en utilisant des outils qu'elle connaît. Pourquoi pas si cela peut ensuite aider le travail ? Mais… elle travaille sans contrat et risque tôt ou tard un retournement de situation.

En travaillant sur la restitution des tests, Oui-Oui relève des éléments qui résonnent en lui : sa relation à l'autorité, son besoin de travail en harmonie, sa difficulté à déléguer. (Je me dis *super, je vais pouvoir travailler sur l'analyse de la demande* * *et me servir de ce que j'apprends en formation !*)

Puis il se met à me parler de son éducation (tout ce qu'il y a de plus judéo-chrétienne !)…

Attention !

La jeune coach ne peut pas échapper à ce qui nous arrive à tous lorsque quelqu'un parle de lui : une perception trop rapide des facettes identitaires de la personne coachée, avec le risque de l'y enfermer par la suite (gendre idéal, judéo-chrétien…).

… de l'autorité de son père (me voilà renvoyée à moi-même, ma relation avec mon père, je dois en parler avec mon psy !).

Bien vu !

Bonne idée, mais ce qui est intéressant dans le professionnalisme naissant de la jeune coach, c'est qu'elle écoute le coaché sans faire l'impasse sur ses problématiques* personnelles.

Il a envie d'apprendre à dire qu'il n'est pas d'accord. Il a apprécié ce que je lui ai proposé d'apprendre : *« Plutôt que dire "non", mieux vaudrait dire "je ne suis pas d'accord". »*

Notre hypothèse !

Oui, c'est en effet un axe de travail qui semble judicieux. Mais est-ce clairement ce que souhaite travailler le coaché en priorité ? Par ailleurs, en acceptant la reformulation de la jeune coach, Oui-Oui ne montre-t-il pas une nouvelle fois le processus parallèle* dans lequel le coach accepte de travailler sur ce qu'on lui propose (comme Oui-Oui le fait en entreprise à ses dépens) ?

Nous arrivons à la fin de la séance. Il a envie de continuer sur ce sujet la prochaine fois. Il me demande alors si je suis confiante, si ça va marcher, si je veux continuer. (Je suis interloquée, pourquoi me pose-t-il cette question ? N'a-t-il pas confiance ?) Je lui demande la raison de ses doutes et il répond : *« Nous avions dit que nous pouvions arrêter ce coaching à tout moment. Moi, j'ai envie de continuer. Je veux m'assurer que vous aussi. »*

Attention !

La clarification est pertinente, mais elle aurait dû être initiée... par la jeune coach. Le coaché s'est en effet emparé de la position haute* sur la conduite du coaching et ceci peut par la suite poser problème pour l'avancée du travail.

Je sors de cette séance rassurée ! Mais là encore, nous n'avons pas eu de contrat de séance*.

Attention !

C'est la seconde fois que cela se produit et il est nécessaire de s'interroger sur la signification de ce qui se passe. S'agit-il du processus parallèle*... ? Une option serait de métacommuniquer* sur ce point en disant par exemple à Oui-Oui : *« Cela fait plusieurs fois que c'est moi qui propose les pistes de travail, alors que c'est vous qui êtes supposé apporter les points à travailler. Que se passe-t-il entre nous pour qu'il en soit ainsi ? Est-ce la même chose dans votre travail, c'est-à-dire avez-vous du mal à poser sur la table les problèmes* que vous jugez utiles de traiter ? »*

Était-il nécessaire de passer autant de temps au diagnostic de son profil psychologique ?

Attention !

Comme tout coach débutant, la jeune coach veut bien faire et se crispe sur des tests et un hypothétique résultat à en attendre, alors même que la demande* n'est pas clairement exprimée ni le contrat clarifié.

Nous avons prévu dix séances, il faut peut-être que j'avance plus vite.

Attention !

Ce n'est pas le coach qui doit avancer mais le coaché, avec l'aide du coach qui est le « patron » du processus*.

Pourtant il me semble essentiel de passer par cette étape de meilleure connaissance de Oui-Oui. Ah, j'ai vraiment trop de questions dans la tête ! Et si je me faisais confiance !

Attention !

Permission* accordée ! Si les bilans méthodiques faits par un jeune coach sont indispensables pour progresser en professionnalisme, ils ne suffisent pas. Le coach doit aussi compter sur ses talents propres, son intuition, sa spécificité, bref, son « génie personnel* ».

Je décide donc de poursuivre en me fiant à mon intuition. Enfin, une chose est sûre, la relation est bonne et je continue à bien gérer le « kit de survie* » !

La troisième séance

Ce jour-là, je suis fatiguée, perturbée, je vis un drame familial et ne suis pas dans mon assiette. J'avoue que j'aborde cette séance la tête complètement ailleurs. J'ai peur de ne pas être disponible, peu à son écoute. Je culpabilise…

C'est là que mon expérience théâtrale me sert ! J'ai appris en effet, en tant qu'actrice, à laisser mes problèmes dans les coulisses. À son arrivée, je mets donc mes soucis de côté, l'accueille avec plaisir et l'écoute.

Attention !

Il eut été préférable que la jeune coach informe Oui-Oui sur son état de fatigue (sans en dire plus), en métacommuniquant. Cela éviterait à Oui-Oui, s'il remarque des ombres de souci sur le visage de la jeune coach, de croire qu'elle est soucieuse à cause de lui.

Ce qui distingue le coaching du jeu d'un acteur de théâtre, c'est qu'il y a un va-et-vient relationnel permanent entre le coaché et le coach. Pour aider le coaché, « tout est matériau ».

En outre, pour un coach, ignorer son état personnel en croyant qu'il faut mettre « ses soucis de côtés » est néfaste puisque le coach doit professionnellement investir sa personne dans la relation (il ne joue pas un rôle).

Comme d'habitude, je lui demande de ses nouvelles, ce qu'il a fait ces quinze derniers jours et de quoi il a envie de parler. Il me parle de son équipe, de sa difficulté à communiquer, à dire sur le moment ce qui va et ne va pas. Il est très ennuyé car il a prochainement ses entretiens d'évaluation avec ses collaborateurs et ne sait pas comment s'y prendre. Je lui propose de consacrer cette séance à la préparation de ses entretiens. Il est d'accord.

Bien vu mais attention !

Le contrat de séance* est posé : bravo ! Mais le problème des séances précédentes revient de façon récurrente : pourquoi Oui-Oui ne met-il pas lui-même sur la table ce qu'il veut travailler ?

Oui-Oui me quitte ravi d'avoir des « billes » pour mener ses entretiens, une méthodologie. Je suis contente, enfin un contrat de séance ! Le travail a été efficace, Oui-Oui est ressorti avec des conseils. C'est là que je m'interroge. Dans cette séance, j'ai eu davantage une posture de conseil. Par mes questions et mes propositions, je l'ai aidé à préparer ses entretiens. Il a été très à l'écoute et c'est moi qui ai travaillé le plus ! J'ai encore un peu de mal avec la frontière entre coach et conseil.

Attention !

Il y a un contrat de séance*, mais apporté par la jeune coach. D'où la sensation de celle-ci d'avoir « travaillé le plus ».

La jeune coach rencontre ici le choix stratégique permanent d'un coach : intervenir ou pas ? Proposer ou pas ? Ce choix se fait en fonction du besoin*, de la demande* et du contrat. Ce qui importe, c'est que le coaché ait vraiment travaillé pendant la séance et ait avancé vers ses objectifs.

Une semaine plus tard, j'ai reçu un appel de Oui-Oui pour me remercier. Grâce à moi, ses entretiens se sont très bien passés.

C'est le plus beau cadeau, je ne regrette rien. Je suis prête à travailler encore !

Attention !

« Grâce à moi »... Quoi de plus normal, surtout pour un jeune coach qui débute, que de se sentir satisfait de l'avancée de son client ? Mais cela comporte le risque de tomber dans la « toute-puissance* » en s'attribuant seul le mérite du succès.

En matière de changement, le coach est un catalyseur indispensable, mais rien qu'un catalyseur.

Avec l'expérience, les coachs réalisent aussi qu'il leur arrive de faire parfois un excellent travail d'accompagnement... sans pour autant que le client ait avancé, ou bien qu'il ait avancé mais pas dans la direction prévue à l'origine.

Notre analyse globale

La jeune coach a su créer une belle alliance avec son coaché. Elle développe une écoute attentive et propre à un diagnostic pertinent (réel et problème sont bien cernés). Elle fait souvent preuve d'une belle lucidité sur la qualité de son travail, ainsi que sur ses zones de vigilance. Enfin, pour la jeune coach, travailler sur elle-même dans son espace thérapeutique paraît naturel, et c'est un point extrêmement positif.

On voit cependant qu'elle a encore du professionnalisme à acquérir pour parvenir à sa maturité en coaching. Le contrat triangulaire n'a pas été mis en place, ce qui n'a vraisemblablement pas permis de définir par la suite des contrats relationnels* efficaces. D'où, sans doute, la difficulté à élaborer des contrats de séance* qui permettent de mieux maîtriser le déroulement du coaching.

Georges : Disposer de méthodes solides

Le contexte du coaching

Le jeune coach est un professionnel expérimenté des RH, qui exerce depuis peu en tant que coach interne au sein de son entreprise. C'est l'une de ses premières missions.

Le coaché, Georges, est directeur d'un établissement d'expédition de matériel médical à Dijon. Il vient d'accepter le poste de directeur adjoint de « l'agence » de Toulouse qui regroupe plusieurs établissements semblables à celui qu'il dirigeait. C'est une promotion « horizontale » qui lui permet d'élargir son champ de compétences.

C'est Georges qui a demandé un coaching à son futur directeur toulousain, lequel a donné son accord avec le consentement du DG : « *Vous avez carte blanche* », a-t-il dit au jeune coach et à Georges. Il signera le contrat de coaching pour officialiser.

Bien vu !

Le jeune coach a vérifié qu'il n'y avait pas apparemment d'enjeu secret* dans ce coaching. Il semble qu'il ait les mains libres.

Le récit du jeune coach, première séance

En fait, compte tenu de ma fonction RH au siège, je sais que le patron de Toulouse (le futur patron de Georges) l'a échappé belle. Il n'a dû son salut qu'à un plan de réorganisation prévoyant de nouveaux responsables, dont Georges.

Attention !

Que l'on soit en coaching interne (beaucoup) ou externe (un peu), la connaissance de l'entreprise de la personne coachée et de ses rouages apporte parfois des informations, et donc un « pouvoir » pour le coach. Comment en « user » ? Il n'y a pas de règles précises, mais il y a l'esprit de la déontologie : être en « pouvoir pour ». Dans les cas difficiles, le recours à la supervision est impératif.

Je rencontre pour la première fois Georges, alors qu'il passe son poste à son successeur. En l'écoutant, je réalise que… son problème semble surtout lié à sa quête désespérée de recevoir la confiance de son ancien supérieur hiérarchique, le patron de la région Est qu'il est en train de quitter ! Mais aussi celle du directeur général. Vais-je orienter ce coaching dans le sens de la « confiance en soi » ?

Je demande à Georges ce qu'il cherche dans ce coaching :

« Être le maillon fort reconnu de mes équipes, l'ancienne et la nouvelle.

— *Et que va t'apporter ce coaching ?*

— *D'être accompagné pour ma prise de poste et de pouvoir mieux cerner mon nouveau champ d'action. »*

Un long questionnement sur l'historique personnel et professionnel de Georges, notamment ses échecs, me donne alors des indications importantes : seul un de ses précédents managers semble lui avoir laissé une idée forte de ce que peut être un bon « boss ». Je creuse :

« Quelles sont selon toi les qualités que doit avoir un bon manager ?

— *Écoute, respect, sens de la justice, capacité à se remettre en cause, crédibilité, constance, charisme.*

— *Et quelles sont celles que tu souhaites développer ?*

— *Constance, écoute et charisme. »*

La tentation de lui donner quelques conseils en management me saisit. En plus, je penche naturellement pour du management participatif. Vigilance, mon p'tit père, vigilance ! Attention à ne pas proposer mes solutions mais à bien faire venir les siennes !

À ce moment de la séance je n'ai pas vraiment d'idée de ce que sera la stratégie de coaching* à mettre en place (hormis peut-être le développement de la confiance en soi) et j'accueille entièrement mes intuitions qui me soufflent qu'un travail sur l'accueil des émotions et l'analyse de la demande* de Georges seraient opportuns.

Bien vu !

Le jeune coach suit une démarche d'exploration solide pour cette première séance et a conscience de ses intuitions, sans pour autant porter de diagnostics hâtifs.

Notre suggestion !

D'abord, inclure dans le diagnostic la relation de Georges à l'autorité, que ce soit vis-à-vis de ses patrons ou de ses équipes (probablement à un niveau affectif). Puis approfondir dans les séances suivantes ce que Georges met concrètement derrière les qualités qu'il évoque pour les managers. Il s'est exprimé en effet en termes très généraux.

Attention !

Le jeune coach ne parle nulle part de ce qu'il ressent en face de Georges.

Je me crée ma « fiche client » que je garderai pour moi tout au long du coaching.

Identité personnelle	Identité professionnelle
Georges	Hier : directeur centre transit Dijon
33 ans	Aujourd'hui : directeur adjoint d'agence Toulouse
Marié, 2 enfants	Demain : directeur d'agence ?
Tél. : 06…	

Contrat de coaching	
Intitulé :	prise de poste
Demandeur :	Georges lui-même
Contrat :	fait le 15 décembre, signé le 15 janvier
Tripartite :	avec le directeur régional
Nombre de séances :	une dizaine
Période :	novembre 20.. à mars 20..
Rythme :	tous les 15 jours
Objectif du coaching :	régler les dérapages en management
Objectif N +1 :	aucun en particulier
Particularités	**Stratégie***
Orphelin de père à 9 ans	**Fil rouge :** les « qualités managériales »
Deuil* récent (sœur)	**Intuition :** aider Georges à développer sa « confiance en soi »
Diagnostic	**Concepts à utiliser vraisemblablement :** gestion des frontières, cadre de référence*, changement d'identité, notion d'objectif, tableau des émotions, analyse de la demande*
MBTI : ENTP (Extraversion) • intuition • pensée • adaptation • innovateur	**Interventions possibles de ma part :** quelques recadrages, confrontation* de ses limites, reconnaissance

Particularités	Stratégie*
Position de vie Analyse Transactionnelle (AT) : + + ???	**Son besoin* essentiel en séance à mon égard :** ??? Que je sois « cool » ? (Hypothèse)
	Son besoin* essentiel pour bien occuper son poste : prendre de la distance par rapport au « manager idéal » qu'il rêve d'être ? (Hypothèse)

Bien vu !

Une telle « fiche client » est presque trop détaillée si le jeune coach n'a qu'un client. Mais quand il en aura dix, il sera bien content de la reprendre dix minutes avant les séances pour se remettre en tête les éléments essentiels.

Attention !

La fiche client pourrait être utilement étoffée en ajoutant des mots-clés de Georges (notamment sur le profil d'un « bon manager »).

La rédaction d'un contrat

Le sens du contrat

Je rédige le contrat qui ne sera signé que par le directeur général. Il prendra la forme d'une lettre de mission qui me sera adressée. Le coaché et son futur directeur d'agence seront en copie.

Plus qu'un document officiel, ce contrat est la validation et la reconnaissance de ma mission de coach interne. Il reflète aussi le pari que fait l'entreprise sur le coaché qui se révèle suffisamment important pour nécessiter un accompagnement. Georges prend d'ailleurs ce coaching comme une véritable reconnaissance. Ces deux missions, la mienne et la sienne, sont intimement liées.

Attention !

L'expression « intimement liées » à propos des deux missions pose la question de la prise de distance du jeune coach par rapport à Georges et l'entreprise. Par ailleurs, il se dit « véritablement reconnu » comme coach interne grâce à cette mission validée par le directeur général. C'est l'un de ses enjeux dans ce coaching.

Le texte du contrat

Général

L'accompagnement personnalisé a pour objectif de permettre à Georges, nouveau directeur adjoint de l'agence de Toulouse, de réussir sa prise de poste dans les meilleures conditions, qu'elles soient d'ordre personnel, relationnel, managérial ou stratégique.

Objectif et contenu*

L'agence de Toulouse est engagée dans une importante réorganisation, pour faire face à une obligation de redressement des résultats qualitatifs et financiers. À ce titre, M. Georges X, nouvellement nommé, devra réussir la réorganisation sur son périmètre d'exploitation permettant de contribuer efficacement à la réussite de l'ensemble.

Une rencontre entre Georges X et le jeune coach J. C. a permis d'élaborer le processus* d'accompagnement :

- aider Georges X, pendant la période de transition, à quitter son rôle de directeur de centre pour aller vers un rôle de directeur adjoint d'agence ;
- l'aider à prendre sa place au sein de l'équipe dirigeante et auprès de sa propre équipe ;
- l'aider à agir vite dans le cadre de ses fonctions à l'issue du coaching.

Le déroulement du coaching

La liste des domaines de travail se fera au fur et à mesure tout au long du coaching. Le coach étudiera les éléments de la personnalité de Georges X qui sont un atout pour l'atteinte des objectifs, et ceux qui se révèlent plus néfastes. Le coach présentera ses hypothèses à Georges X afin qu'il puisse prendre en compte les changements personnels qui lui sont nécessaires. Les séances seront consacrées à l'étude de problèmes concrets présentés par Georges X et à la recherche d'options adéquates. Celles-ci pourront porter sur quatre niveaux distincts :

- Problématiques personnelles ;
- Problématiques relationnelles ;
- Problématiques managériales ;
- Problématiques stratégiques.

Les modalités d'intervention

Lieu : Les interventions auront lieu de préférence au bureau du jeune coach J. C. Certaines séances pourront avoir lieu par téléphone.

Planning : cinq mois, de novembre 20.. à mars 20.., à raison de deux séances par mois. Le planning prévisionnel est intégré au contrat.

Nombre d'heures : Une vingtaine d'heures réparties en dix séances de deux heures.

Le bilan d'accompagnement

Un bilan d'accompagnement sera effectué début mars (avant dernière séance), en présence du directeur de Toulouse, de Georges X et du jeune coach, au cours duquel seront repris les objectifs initiaux, les avancées réelles ressenties par le coaché et celles identifiées par le directeur de l'agence.

Le planning

Novembre 20..	Lancement du coaching	Période transitoire	
Décembre 20..	Accompagner changement		
Janvier 20..	Réalité changement poste	Dessiner le territoire	Contrat coaching
Février 20..	Réalité d'actions	Intégration P3 et équipe	
Mars 20..	Bilan final	Mesure analyse de la demande*	

La déontologie

Le jeune coach s'engage à respecter la déontologie adaptée à l'accompagnement interne, document en pièce jointe.

Fait à, le...

Le Directeur régional

Attention !

C'est un contrat de coaching classique. La déontologie mise en annexe établit le principe de confidentialité.

Préciser les conditions d'un arrêt éventuel et le recours au directeur régional comme « interlocuteur responsable* ».

La deuxième séance

Lors de la deuxième séance, celle qui représente le départ vers de nouveaux horizons et la séparation avec son ancienne équipe, Georges me demande s'il est possible de l'aider à préparer son discours d'au revoir – il ne sait pas trop quoi dire et semble très attaché à ce témoignage et à la participation d'un maximum de personnes. Nous nous mettons rapidement d'accord sur la façon de travailler pendant cette séance (il attend mes *feedbacks* sur ce qu'il a fait et compte faire).

Bien vu !

Cet échange peut nourrir le diagnostic du jeune coach sur le vraisemblable caractère affectif de Georges.

Aïe, il y a un problème que Georges ne voit pas ! Il a envoyé un mail invitant un grand nombre de personnes à venir lever le verre de l'amitié, mais a mis dans le texte (qu'il me montre) : *« Manager c'est faire des choses extraordinaires avec des gens ordinaires. »*

Aïe, passe-moi le bistouri que je lève une méconnaissance* ! Je demande à Georges s'il a reçu des réponses ou des commentaires suite à son mail envoyé la veille. *« Aucune »*, me dit-il l'air inquiet.

Je lui demande de relire le mail à voix haute et il prend conscience qu'il peut y avoir une mauvaise interprétation. À partir de là, nous revenons sur le sens de son message, et Georges conçoit qu'effectivement ce dernier puisse avoir un caractère blessant. Je l'invite à imaginer des options possibles car il n'est pas trop tard. Peu à peu son discours se prépare et permettra de délivrer le sens profond de son mail, en ne laissant aucune place à l'ambiguïté. Il se sent mieux, me remercie, « même s'il a le trac pour son discours ».

Bien vu !

Très bonne séquence qui permet de sortir de la séance avec le « problème » résolu. Le jeune coach aurait pu travailler également à un autre niveau, en faisant prendre conscience à Georges de ses besoins affectifs dans les relations avec ses subordonnés, et examiner avec lui les implications dans sa manière de manager.

La troisième séance

Georges est un peu « en lévitation », car il est « entre » ses deux postes. Il n'a pas grand-chose de concret à apporter et est prêt à mieux prendre conscience d'éléments inconnus de sa personnalité.

Mon idée pour cette séance est de le faire travailler sur l'estime de soi* grâce au MBTI. Cette séance sera celle du partage de son diagnostic de personnalité. À cette occasion, je lui ai aussi proposé de réaliser son diagramme des positions de vie de l'AT à partir de 24 questions.

Je sais, car il me le dit, qu'à l'issue de cette séance, Georges s'est senti profondément mieux, tout simplement. Je suis content !

Attention !

Le jeune coach a fait le choix d'apporter des contenus (MBTI, Positions de vie). Il « profite » du fait que Georges n'a pas encore de « vécu » dans son nouveau poste pour le faire travailler sur le fond.

Bien vu !

Qualité de la relation coach/coaché.

La quatrième séance

L'arrivée au sein de cette nouvelle équipe inquiète Georges. Il souhaite garder son libre arbitre et ne pas céder au charme de son nouveau directeur, très charismatique mais qui « a ses têtes ».

Je lui propose alors de travailler sur les indicateurs qui sont nécessaires à mesurer la progression de son travail, et lui donne la permission* de demander les chiffres (résultats, charges) à son directeur. En travaillant sur la légitimité de cette demande*, je pense protéger Georges contre un hypothétique refus de ce dernier. Il accepte cette proposition et se sent capable de faire la demande à son directeur.

Bien vu !

Travail pertinent, tout à fait en accord avec les objectifs du coaching.

Je souligne à ce moment-là son courage, sa grande adaptabilité et sa capacité à chercher objectivement qui il est. Il est ému, me dit que seul son père, décédé, pouvait faire des compliments.

Cette évocation ravive chez lui le chagrin. J'accueille son état et nous parlons de son besoin de reconnaissance. Le moment est intense. Il me remercie. Grands moments de silence. Je suis présent, simplement présent. Un moment très intense que nous n'oublierons ni lui ni moi.

Bien vu !

Le jeune coach traite dans cette séance à la fois la problématique d'analyse de la demande* de Georges – avec le travail sur les indicateurs et la demande des « chiffres » – et celle de la colère, avant d'ouvrir un autre temps d'échange très profond et probablement de réparation pour Georges. Il démontre une grande capacité à accueillir les émotions et une belle « puissance* » de travail émotionnel en coaching.

La cinquième séance

Dès le début de cette séance, Georges dit qu'il a besoin de parler, de raconter ses progrès, de partager ses avancées.

Il a réussi à demander les chiffres à son directeur, qui les lui a donnés sans problème ! Je n'ai pas envie de l'arrêter, je l'écoute et trouve cela réconfortant par rapport à mon rôle. J'ai dans la tête de l'amener à l'analyse de la demande*, et je me dis que c'est possible.

Nous travaillons sur sa future organisation. Georges n'avait partagé que de manière très floue le sens de sa mission avec son nouveau directeur. Nous convenons que l'étude de sa « lettre de mission » avec son directeur d'agence sera au programme de la prochaine séance.

Notre suggestion !

Passer un « contrat de patouille* » au début de la séance : parler, simplement parler... Vérifier aussi auprès de la personne coachée qu'il n'y a pas de problèmes urgents à traiter.

La sixième séance

Georges me fait part de son besoin de revenir sur les qualités indispensables pour être un bon manager. Il s'interroge beaucoup sur lui-même et sur le management de son nouveau directeur.

Je le questionne une nouvelle fois sur les qualités qu'il pensait avoir développées en rapport avec ses souhaits de début de coaching, celles qu'il pensait devoir encore développer, et comment il allait savoir que ces qualités devenaient siennes.

Il souhaite rajouter le courage dans sa liste précédente et me parle de ce qu'il appelle « son manque de charisme ». Il ajoute qu'il n'arrive pas à se faire respecter et souhaite que je l'accompagne sur ce point.

Cette séance est consacrée au regard du chemin parcouru, à la fois sur sa vision mais aussi sur des faits concrets bien réels.

Je pense avoir contribué au renforcement de sa confiance en lui. *Yes* !

Attention !

Et la lettre de mission ? Oubliée ? Mieux vaudrait vérifier en début de séance.

La septième séance, un grand moment de solitude...

Cette séance est consacrée aux mesures concrètes que Georges veut mettre en œuvre dans son nouveau poste.

Puis il m'annonce que son humour devient blessant pour les collaborateurs : il ne supporte pas l'humour à son égard et pourtant le pratique vis-à-vis des autres. Je tente une confrontation*, puis abandonne. Il faudra y revenir.

Bien vu !

Le jeune coach est capable de « lâcher les baguettes* ».

Heureusement que l'humour n'était pas identifié par Georges comme une qualité essentielle du manager ! En l'occurrence, pourtant, il ne s'agit pas tant d'humour que d'ironie cinglante.

Je sens que la séance va être moins drôle et je sens Georges contrarié.

Je métacommunique, et lui annonce que je me sens un peu perdu et que j'ai des difficultés à identifier la demande* de cette séance.

Bien vu !

En cas de difficulté du coach, la règle générale est de métacommuniquer*.

Nous reprenons alors, à sa demande, la suite du travail initié en séance précédente. Georges répond à mes questions sur les compétences qu'il est en train de développer, sur les raisons qui l'ont motivé à faire ce choix du poste de directeur adjoint, sur sa satisfaction à l'exercer, sur les échecs personnels réparés, et nous terminerons par les signes de reconnaissance* dont lui et son équipe ont besoin. Pourtant, la séance se termine avec l'impression d'être passé à côté de quelque chose.

En fin de séance, Georges me dit qu'il m'a caché une contrariété dont il ne souhaite pas me parler, que c'est la raison pour laquelle cette séance ne s'est pas déroulée en souplesse. *Quésaco* ? (J'apprendrai à la séance suivante que c'est le fait qu'il ne participe pas à certains comités de direction… où je vais moi-même ! Cet aveu de sa part a donné lieu à de grands rires, signe que la relation n'était pas vraiment abîmée.)

Arrêt sur image juste avant la huitième séance

Georges en est à son deuxième mois au sein de sa nouvelle équipe, avec ses doutes, ses joies, ses déceptions, ses motivations et ses enjeux.

La séance précédente a été difficile. Un enjeu secret* est venu épaissir la fluidité habituelle de nos relations.

C'est pourquoi, je décide d'aborder la huitième séance de façon différente. Lors des précédentes séances, je commençais toujours en bon élève d'analyse de la demande par : *« Que s'est-il passé depuis la dernière fois ? »* Puis : *« Quelle est ta demande* pour cette séance ? »* ou *« Quel sujet souhaites-tu que nous abordions ? »*

Je serai entièrement face à lui, sans bureau ni table pour nous séparer. Quelque chose me dit que si je veux le faire avancer, il faut que je change moi-même. Je quitte donc le cadre de l'analyse de la demande*, pourtant rassurant et structurant, et prendrai le risque de voir apparaître un joli contrat de patouille, une fois n'est pas coutume.

Bien vu !

Magnifique !

La huitième séance

Georges arrive avec un sourire non dissimulé, ce qui me donne une première indication de son moral de l'instant.

Je le laisse parler et raconter ce qui justifie ce fier sourire : *« Je suis content d'être content »*, me dit-il, et je sens à travers cette note légère l'expression d'un travail sérieux et courageux dont les fruits commencent à se former.

Je l'écoute avec attention, mais surtout à plusieurs niveaux ; à la fois mes capteurs persos qui tentent de deviner sa demande pour cette séance et, en même temps, l'écoute de ses réussites. Ne serait-il pas en train de me montrer qu'il développe sa propre confiance ? Cette écoute à plusieurs niveaux m'indique que ma stratégie de coaching* (développer la confiance en soi de Georges) est en train de donner des fruits.

Cet homme est fier de son travail et arrive à me le dire ! Il fait lui-même les liens avec nos précédentes séances de coaching et me parle en interdépendance. J'ai nettement l'impression que nous conversons d'égal à égal.

Attention !

Compte tenu de la problématique d'analyse de la demande* de Georges au début du coaching, l'hypothèse d'interdépendance est à prendre avec précaution.

Le travail effectué porte sur sa prise de conscience d'un manque d'autorité qu'il a d'ailleurs découvert lors de la précédente séance. Et pour imager cette prise de conscience, Georges me dit qu'il a fait preuve d'autorité avec un membre de son équipe, et que cela lui a semblé juste et qu'il s'est félicité. Il me remercie pour cette prise de conscience, nous échangeons des sourires complices.

Nous glissons sur un problème personnel. Il est préoccupé car il achète une nouvelle maison, vend l'ancienne. Bref il est un peu « KO ». J'écoute… Je lui rappelle la nécessité de veiller à bien connaître et à bien respecter nos limites. La situation n'est pas paisible pour lui, mais il fait preuve de courage. Je le questionne sur ses limites et il me parle de sa santé physique, sa fatigue, sa santé morale et ses valeurs. « *C'est bien avec toi,* me dit-il, *on peut parler de tout, et tout est important.* » Beau cadeau, je prends.

La neuvième séance

Je reviens à l'analyse de la demande, et Georges élabore la trame d'une réunion avec son équipe. Il est très content, sait ce qu'il fait, pourquoi il le fait et comment il va faire.

J'avoue ne pas avoir été à l'aise au début de sa demande*, et j'ai tout de suite métacommuniqué, j'étais un peu perdu. J'ai eu le sentiment pendant un moment qu'en acceptant sa demande, j'allais passer à côté de quelque chose. Je lui ai alors demandé une bonne minute de réflexion silencieuse, qu'il m'a gracieusement accordée, et j'ai fini par prendre la décision d'accepter sa demande telle qu'il me l'avait formulée.

En fait j'avais la crainte d'être embarqué dans le côté opérationnel de mon « savoir faire des réunions ». J'y suis resté vigilant tout au long de la séance.

Bien vu !

La conclusion de ce coaching

Malgré de grands moments de solitude, j'ai pris un grand plaisir à accompagner Georges tout au long de son chemin.

Que dire des séances ? Je m'y suis senti à la fois nourri (pendant) et fatigué (après).

À l'heure où j'écris ce récit, le coaching est sur le point de se terminer. D'ores et déjà, Georges en annonce les bienfaits autour de lui, et notamment auprès du DG (il paraît même qu'il envisage de travailler avec un coach externe).

Tout doucement, d'autres coachings internes s'annoncent…

Notre analyse globale

Le jeune coach démontre manifestement une grande « puissance* » pour faire travailler son coaché à un niveau à la fois opérationnel et profond, lui permettant notamment de révéler les émotions anciennes et d'effectuer des réparations. Dans le cas de Georges, la relation se met en place très vite, probablement dès la première séance… en tout cas, clairement à la troisième. Elle est un élément essentiel de la réussite de ce coaching.

Le jeune coach a eu besoin d'être très à l'écoute de ce qui se jouait au niveau transférentiel (la relation au père annoncée par Georges) et a su en tirer parti sans utilisation dommageable*.

En revanche, la manière dont le jeune coach parle de sa mission et de la relation avec Georges indique que des résonances apparaissent en lui et qu'il est important qu'il en soit conscient. Parmi ces phénomènes : le besoin de reconnaissance par l'entreprise (bien légitime pour une première mission d'accompagnement…). Il veille à s'en protéger et fait bien.

Notons enfin la façon dont le jeune coach parvient à conserver sa marge de manœuvre dans la gestion du processus* (cf. entre autre à la septième séance avec une confrontation*).

Au global une bonne maîtrise de ce coaching et un résultat très encourageant pour notre jeune coach.

Heather : Parler de ce qui se passe en séance

Le contexte du coaching

La jeune coach, responsable RH dans une grande entreprise du secteur des services, a une solide expérience des ressources humaines. Elle est actuellement en double formation (thérapeute et coach). Sa responsable vient de la charger d'accompagner Heather, une femme de 37 ans, nouvellement nommée comme responsable du pôle communication externe.

Heather travaille depuis cinq ans dans l'équipe communication de l'entreprise où elle a démarré comme assistante au service des relations presse, puis a rapidement gravi les échelons. Le directeur de la communication l'a nommée car il souhaite abandonner la gestion directe de ce pôle qu'il a longtemps géré lui-même. La responsable d'Heather estime qu'un coaching l'épaulerait utilement.

Le récit de la jeune coach, introduction

Je connais Heather depuis plusieurs années pour avoir travaillé sur la gestion de carrière de ses collaborateurs. Je lui fais part de la décision de la RH de l'aider dans cette prise de fonction et lui propose de voir ensemble ce qu'elle attend de cet accompagnement. Elle réagit favorablement.

Attention !

La jeune coach devrait d'emblée être plus vigilante sur ce contexte. D'une part, ce coaching est initié par les RH et, d'autre part, le N +1 ne semble pas partie prenante. Les conditions de base pour qu'un coaching se passe dans les meilleures conditions ne semblent pas réunies : demande* de l'intéressé, implication du N + 1 avec contrat tripartite*.

La première séance

Je demande à Heather comment elle se sent et comment elle réagit à cette nomination. Elle me dit être très inquiète. Elle trouve qu'elle travaille déjà beaucoup trop et ne sait pas comment elle va « s'en sortir ». Elle n'a pas demandé à prendre le poste et le fait contre son gré. De plus, elle ne se sent pas légitime par rapport à ses anciens pairs. Deux d'entre eux ont réagi brutalement à sa nomination et contestent sa prise de fonction. Ils estiment qu'ils auraient été capables de prendre le poste.

Je lui explique que c'est tout à fait normal d'être inquiète devant cette évolution qui constitue un très grand changement. Nos séances d'accompagnement sont justement prévues pour faciliter cette prise de poste.

Bien vu !

Le kit de survie* semble bon, et la coachée se livre en confiance. Attention cependant : Heather prend le poste contre son gré et la coach interne peut être tentée de lui faire accepter cette prise de poste pour mener la coachée là où elle ne veut pas aller. Le fait que la coachée ait accepté ce poste alors qu'elle ne se sent pas légitime et reconnue semble être le « vrai » sujet. Une piste serait de vérifier ce que la coachée en pense.

Je lui demande comment elle perçoit son rôle et comment elle souhaite travailler. Elle énonce les objectifs suivants :

- se faire reconnaître comme responsable ;
- s'accepter elle-même dans ce rôle ;
- gérer sa relation avec son N + 1 qu'elle voit moins souvent ;
- travailler sur sa future organisation ;
- s'organiser pour absorber une charge de travail plus importante.

Nous nous mettons d'accord sur une rencontre mensuelle et prenons rendez-vous en août à son retour de vacances.

Notre suggestion !

D'abord passer un contrat tripartite* avec le N + 1. Puis affiner le contrat relationnel* au niveau du contenu* (préciser et prioriser les nombreux objectifs) et au niveau du processus* (notamment la durée du coaching : ne fixer aucune limite de durée comporte le danger de maintenir le coaché dans une situation de dépendance vis-à-vis du coach, ou de tomber dans la parlote).

Le bilan de cette première séance par la jeune coach

La relation est bonne, il y a un bon niveau de confiance. Heather a exposé son contexte et ses difficultés avec clarté, a fait part de ses besoins.

Son besoin* profond est pour moi celui d'un changement de type 2 : elle va devoir modifier ses habitudes de travail, son fonctionnement. Elle a en plus un deuil* à faire de la petite équipe qu'elle suivait depuis plusieurs années et qu'elle n'a pas lâchée malgré l'élargissement de ses responsabilités.

Attention !

La jeune coach confond « besoin* » et « enjeu ». De plus, le diagnostic de changement 2* semble prématuré. La jeune coach y pense peut-être parce que, dans la culture du métier, traiter un changement 2 est très valorisant.

Je prévois un accompagnement à la fois centré sur la personne d'Heather, son management, et sur sa relation avec son N + 1 qui représente pour elle la sécurité et le soutien permanent (curseur* 1, 2 et 3). Un travail est à faire également sur l'estime de soi* pour développer sa confiance en elle. Il faudrait aussi l'amener à développer sa connaissance de l'environnement*, l'ouvrir à une meilleure perception de la stratégie*.

Intuitivement, pour moi, l'essentiel doit être de l'amener à l'acceptation du changement et la prise réelle de ses responsabilités de manager.

Attention !

Le diagnostic de la situation et les objectifs à travailler semblent pertinents. Mais, comme souvent dans des premiers coachings, la coach est à la fois enthousiasmée et enivrée par l'ampleur des changements qui semblent nécessaires au coaché.

Notre suggestion !

Partager le diagnostic avec la coachée, vérifier le réalisme des objectifs de coaching compte tenu du rythme des séances et réajuster les objectifs.

Durant l'entretien, je me suis sentie à l'aise, bien à l'écoute, à ma place, puis peu à peu déstabilisée par l'ampleur de la tâche, la peur de ne pas y arriver par manque de méthode et de pratique.

Il n'y a pas de contrat explicite du directeur de la communication vis-à-vis de la RH qui a senti le besoin de faire coacher Heather. Rien n'a été demandé clairement, ni par Heather ni par le directeur.

Attention !

Bonne analyse de la coachée sur l'absence de contrat tripartite* et le rôle de sauveteur de la RH. Mais pourquoi diable la jeune coach en reste-t-elle à ce constat sans rien prévoir pour réajuster ?

La deuxième séance

C'est le retour des vacances. Très vite, Heather me fait part de ses inquiétudes. Elle n'ose pas officialiser sa prise de poste et a surtout travaillé avant les vacances avec son ancienne équipe.

Je lui demande ce qu'elle souhaite traiter aujourd'hui. Elle choisit d'examiner l'attitude à avoir vis-à-vis d'une responsable d'équipe, Caroline, qui fait de la rétention d'information vis-à-vis d'elle et continue à communiquer directement avec le directeur de la communication, son ancien chef. Heather vit cela très mal. Elle se sent également coupable de ne pas réussir à le gérer. Elle a envie de la faire sortir au plus tôt de l'équipe.

Nous convenons de travailler sur plusieurs hypothèses d'attitude à prendre pour se positionner en tant que responsable vis-à-vis de Caroline. À l'issue de la séance, elle me remercie : elle se sent moins anxieuse, et elle est décidée à rencontrer Caroline pour mettre en place des règles claires de fonctionnement.

Bien vu !

L'attitude de Caroline a mis la puce à l'oreille de la jeune coach qui constate qu'Heather n'assume pas bien son leadership.

Le bilan de la deuxième séance

Cela a été pour moi une séance d'écoute profonde et d'accueil du désarroi d'Heather face au conflit, à ce qu'elle vit aussi comme un abandon du directeur de la communication. Il y a eu un contrat de séance*, la relation a été bonne et des options ont été décidées.

Bien vu !

Bravo pour tout ! L'évaluation de séance met en exergue une vraie compétence du coach à prendre du recul.

La troisième séance

Rien n'a été fait par Heather vis-à-vis de Caroline et rien n'a changé. Heather souhaite la faire évoluer sur un autre poste. La séance porte alors sur les relèves possibles et Heather me demande de travailler sur son organisation, ses équipes. J'essaie de la faire réfléchir pour mettre en place une organisation optimale. En conclusion, elle décide :

- de formaliser son organigramme ;
- d'officialiser son organisation ;
- de mettre en place une réunion d'équipe régulière.

Le bilan de la troisième séance

J'ai l'impression de bien avancer, je sens Heather volontaire, même si elle est toujours très tendue et manifeste du regret par rapport à son poste précédent. Elle se sent aussi toujours en attente du soutien du directeur qui répond de moins en moins à ses demandes.

Attention !

Heather « botte en touche » et la jeune coach ne la confronte pas. Heather n'a en effet rien changé dans sa relation à Caroline. Or, à la séance précédente, elle s'était engagée à agir.

La coach pourrait faire une opération de confrontation* car l'objectif principal d'Heather est d'assumer sa position de leader. Dire par exemple : *« Vous vouliez régler la situation avec Caroline et n'avez rien fait, que se passe-t-il ? »* Voire : *« Je pense que ne rien faire vis-à-vis de Caroline vous empêche de prendre votre leadership. Parlons-en puisque c'est votre objectif de coaching. »* La jeune coach aurait-elle peur de confronter Heather, comme Heather a peur de confronter Caroline ?

Notre suggestion !

Émettre cette hypothèse en métacommuniquant.

Les quatrième et cinquième séances

La séance d'octobre est annulée compte tenu de la charge de travail d'Heather en pleine période de préparation du futur plan de communication corporate.

Lorsque j'arrive pour la cinquième séance, je remarque qu'elle est très tendue. Elle me fait part de nouvelles difficultés avec les deux responsables qui ont mal accepté sa nomination, dont encore Caroline. Elle n'a pas osé diffuser d'organigramme à son équipe. Aucune réunion d'équipe n'a été mise en place.

Elle ne s'étend pas sur ces points importants à mes yeux et, très vite, demande à travailler pour cette séance sur la communication, auprès de ses responsables, des budgets d'augmentations de salaire et d'attribution de primes exceptionnelles suite aux dernières opérations de communications.

Intérieurement, je suis déçue de ne pas travailler sur son management qui me semble être un sujet prioritaire. Je n'en manifeste rien.

Attention !

La coach devrait métacommuniquer* et faire part de ses hypothèses sur ce qui se passe. Cela lui éviterait de prendre trop sur elle et de perdre son calme en séance face à la coachée (voir plus loin !) Exemple : « *Cela m'embête car on était en plein dans votre objectif de coaching... Avant de partir sur une nouvelle piste, pouvons nous en parler quelque peu ?* »

Heather conteste les instructions de la direction qui sont à ses yeux insuffisantes pour satisfaire les attentes des équipes soumises de plus en plus à des pressions fortes, à une grosse charge de travail. Elle se sent injustement considérée, maltraitée.

Jusqu'alors, je l'ai écoutée. Son débit de voix est très rapide, elle ne finit pas ses phrases, caractéristique du stress chez elle.

Attention !

Heather se pose en « Victime ». Le Triangle dramatique* pointe le bout du nez. Attention aux retournements de situation !

J'essaie alors de lui faire comprendre qu'elle peut peut-être faire des propositions à sa direction...

Attention !

La coachée travaille sans contrat de séance*. La coach devient « Sauveteuse » et plaque son cadre de référence* à la coachée qui va le refuser violemment, ce qui va amener la jeune coach à se positionner en « Persécutrice ».

Sa colère monte : « *Comment voulez-vous que je fasse, je ne connais pas encore les équipes !* »

À ce moment, je ne fais pas attention à mon ressenti profond et à ma propre colère. J'estime qu'elle ne veut rien comprendre et se comporte de façon immature face à la réalité. J'essaie néanmoins de la convaincre qu'elle a des choix possibles et qu'elle pourrait travailler dessus.

Elle rétorque : « *Non, je n'ai pas le choix.* » Les échanges sont vifs pendant quelques minutes, et d'un seul coup elle me dit : « *Vous n'arrêtez pas de me critiquer.* »

Très surprise, je fais silence pour me poser et retourner en moi-même.

Bien vu !

Très bon réflexe du coach que de revenir, dans une telle situation, à sa zone 1*.

Attention !

Processus parallèle* : il se rejoue ici en séance ce qui se passe dans le contexte professionnel. Heather a accepté son poste avec réticences et se sent Victime. En séance, elle fait de même avec la jeune coach qui, hélas, ne voit pas ce qui se passe. Observer ce processus et métacommuniquer* permettraient de ne pas en arriver à une dégradation de la relation.

Je me recentre, m'excuse, explique que je ne me suis pas rendue compte de ma propre tension, explique ma réaction par ma propre fatigue et la pression actuelle.

Nous reprenons la séance et arrivons à un processus* clair qui convient à Heather, bien qu'elle ait peur de le mettre en œuvre.

J'éprouve le besoin de m'excuser à nouveau en partant.

Le bilan de séance

C'est la première fois que j'arrive à un conflit en séance d'accompagnement. Pourtant, le début de la relation était bon. Ensuite, le kit de survie* s'est dégradé et je me suis laissée absorber par l'état de tension d'Heather.

Sa réalité n'a pas été prise en compte, son problème non plus. J'ai ignoré son cadre de référence* et plaqué le mien, celui d'un RH et pas celui d'un coach. Le contrat de séance* a pu être rétabli lorsque nous nous sommes expliquées et que Heather a pu verbaliser son malaise, puis les points précis qu'elle souhaitait travailler. Son intervention m'a ramenée à mon propre ressenti. Je me suis remise en contact avec ma respiration, mes sensations, pour être à l'écoute et tenter de rétablir la relation.

Je suis sortie de cette séance épuisée nerveusement, avec un sentiment d'insatisfaction. En revanche, j'ai compris profondément l'importance du travail sur la respiration, mon propre état, la nécessité de valider l'état de l'autre, où il en est, la nécessité de métacommuniquer*.

J'ai besoin de progresser sur ce point, de faire confiance à mes ressentis profonds, à mon intuition ; je pars très vite dans l'analyse de la situation, la recherche de solution, le travail intellectuel, alors que la relation a besoin de se situer à un niveau de profondeur et d'authenticité. C'est un sujet que j'ai encore besoin de travailler en thérapie, qui me fait encore peur.

Bien vu !

Très bonne capacité de la coach à analyser ce qui se passe lors d'une séance. Elle a une capacité impressionnante à pointer ce qui a fonctionné et ce qui a dérapé.

Notre analyse globale

La jeune coach se sort plutôt bien d'une situation qui aurait pu tourner mal. Elle a une vraie capacité à prendre du recul par rapport au travail qu'elle fait en séance. Elle sait aussi revenir à elle-même et à ce qu'elle ressent lorsque la relation dérape.

Elle doit maintenant franchir une étape : utiliser la métacommunication*, véritable « seconde nature pour le coach ». En effet, la coach analyse bien, en séance, les comportements de la coachée. Elle repère ce qui l'empêche d'avancer. Mais elle n'en fait rien. Exemple : la coachée décide de mettre en place une action entre deux séances mais elle ne le fait finalement pas.

La coach n'arrive pas à communiquer sur cette situation bloquante. Plus tard dans la séance, la jeune coach se dit « déçue » de ne pas faire travailler la coachée sur un sujet qui semble prioritaire. Comme elle garde tout cela pour elle, la tension monte, la relation se dégrade petit à petit.

Métacommuniquer* est une condition *sine qua non* d'une relation fructueuse de coaching. Cela demande du courage relationnel. Avec un peu plus de « bouteille », la jeune coach s'y emploiera certainement.

Patrick :
Coacher sans vouloir sauver l'autre

Le contexte du coaching

Ce cas est particulièrement intéressant parce que le jeune coach – maintenant très expérimenté – relate après coup son premier coaching il y a plusieurs années… alors qu'il n'avait encore suivi aucune formation, comme (hélas) c'est parfois le cas.

À l'époque, ce jeune coach était manager dans une grande entreprise. Il connaissait Patrick qui allait devenir son premier client, en tant que… voisin de palier. Celui-ci était un ancien directeur commercial d'une entreprise d'hôtellerie dont le poste avait été supprimé. Patrick avait donc voulu négocier son départ mais l'affaire s'était soldée par une action aux prud'hommes.

Patrick avait alors créé sa propre entreprise de distribution de produits alimentaires, sans succès. Au bout d'un an, pour des problèmes de trésorerie, il avait dû déposer le bilan. La déception avait été vive et Patrick, devenu très solitaire, avait frôlé la dépression. À titre amical, le jeune coach avait souvent écouté son voisin, l'avait encouragé. Ému par ce qui arrivait à Patrick qui avait charge de famille, le jeune coach lui avait finalement proposé de l'accompagner dans son repositionnement professionnel. Mais, comme nous allons le voir, il lui manquait singulièrement quelques outils de compréhension essentiels du métier, dont la nécessité d'éviter les « sauvetages* ».

Le récit du jeune coach, démarrage du coaching

Motivé par une envie forte d'aider Patrick à trouver une solution et à ne pas le laisser seul dans cette situation où il était à la fin de ses droits d'Assedic, j'avais pris l'initiative de lui proposer un coaching à raison d'une séance de travail hebdomadaire le soir, d'octobre au début de l'été, avec pour objectif que Patrick retrouve un emploi avant l'été. Après quelques jours de réflexion, il me donna son accord.

Attention !

Étonnant démarrage, à l'initiative de notre jeune coach qui est visiblement très sensible à la situation précaire de Patrick et qui a très envie de l'aider, en prenant quelques engagements qui peuvent paraître audacieux.

Bravo pour les valeurs humaines, mais attention à la projection* de ses propres craintes, et surtout à la position de sauvetage*, qui ne prend pas nécessairement en compte le besoin* de la personne coachée ni sa demande*.

Les premières séances de travail (analysées après coup)

J'avais commencé par explorer plus avant la situation de Patrick avec l'analyse de la demande (que je ne connaissais pas à l'époque) : pour le *réel*, Patrick m'avait déjà dit l'essentiel. Dans l'échange, je fus confirmé dans ma perception de son état psychologique déprimé. Le *problème* était qu'il devait retrouver rapidement un emploi et un revenu. Pour moi, Patrick avait *besoin* de faire un bilan de carrière et de compétences complet, de définir une stratégie* de recherche prenant en compte ces éléments et son âge. Patrick était d'accord avec la formulation de son besoin*. Mais c'était moi qui l'avais formulé, pas lui.

Je pense à présent que la demande* était que j'accompagne Patrick avec les méthodes que je connaissais et que je lui avais présentées en sorte qu'il retrouve un emploi avant l'été. Mais, en fait, il n'avait pas exprimé de demande explicite à mon égard et j'avais donc défini moi-même ce que je pensais être sa demande. Je craignais d'ailleurs la situation que j'aurais eue à gérer si Patrick ne trouvait pas d'emploi avant le mois de juillet suivant, mais ma volonté de ne pas le laisser au bord de la route l'avait emporté.

Attention !

Pressentiment pertinent du risque du triangle dramatique*. L'exploration explicite du besoin* et de la demande avec le coaché aurait permis de vérifier les hypothèses faites par le jeune coach et aurait atténué le risque de tomber dans le sauvetage*.

Le diagnostic du jeune coach

Patrick me semblait être très identifié à son statut professionnel et à sa fonction, et très fortement investi dans le travail. Son ancrage fort dans sa vie familiale ne suffisait pas à lui donner de la sécurité en période d'instabilité professionnelle.

J'avais également repéré que Patrick était choqué, qu'il devait « digérer » l'échec de son entreprise, qu'il pensait être dans une période de malchance.

En terme relationnel, je savais que Patrick avait une excellente capacité à nouer et à maintenir des relations.

Sa stratégie de coaching* d'intervention

J'avais comme présupposé que Patrick ne trouverait pas de travail dans son métier car il avait plus de 50 ans. Donc, pour moi, il ne fallait pas perdre de temps et, après avoir passé sa carrière en revue et valorisé ses compétences, il fallait l'accompagner dans une recherche active sur plusieurs créneaux repérés, et espérer qu'une ou plusieurs opportunités se présentent, si possible en même temps.

Attention !

Voilà une méthode rigoureuse et analytique, mais on se demande où est Patrick dans cette analyse. Le jeune coach a pris à son compte la problématique*de Patrick et, de façon interventionniste*, définit pour lui un plan d'action qui ne prend pas nécessairement en compte l'état émotionnel de Patrick, la phase de deuil* qu'il est probablement en train de vivre et sa réelle motivation pour le choix de sa prochaine étape professionnelle.

Le déroulement des séances

Pendant une première période de quatre mois, je l'ai écouté et nous avons défriché les possibles. Dès le début, je suis entré dans une démarche assez cartésienne, en demandant à Patrick de me montrer son CV et en lui proposant de le mettre à jour. J'avais le sentiment de ne pas avancer…

Attention !

C'est bien là la question, c'est Patrick qui devrait avancer, pas le coach.

… et que nous parlions beaucoup d'une façon peu structurée, que ça tournait en rond en quelque sorte. Je n'étais pas très content de l'avancement de notre travail, avec une impression de surplace. Cependant, cela semblait faire du bien à Patrick.

Il y avait une alternance de séances positives et constructives, et de séances où l'on parlait mais qui étaient peu productives, en relation avec le moral de Patrick. Intuitivement, je le « poussais » pour que l'on avance, en essayant de doser la pression en fonction de son moral en dents de scie.

Notre suggestion !

La problématique*de Patrick est devenue celle du coach en herbe : il prend en charge Patrick, comme s'il s'agissait de lui-même et entre en symbiose*.

Ce travail, vécu par moi comme un moyen de repérer des pistes de prochaines fonctions possibles, avait fait ressortir que Patrick avait été formateur de commerciaux et que cela lui plaisait bien. C'était clairement une piste à creuser. En complément, il se confirma que Patrick retrouverait une fonction de directeur commercial essentiellement par relation. C'était la deuxième piste possible.

Bien vu !

L'expérience d'entreprise du jeune coach est ici très utile pour orienter Patrick et lui éviter des méconnaissances*.

Dès ce moment où ces deux pistes furent clarifiées, Patrick sortit d'une phase que je qualifierais de « déprime », et retrouva de plus en plus son énergie et son battant habituel. Il était devenu acteur de ses deux projets. Nous avons alors convenu qu'il mènerait seul cette recherche et que nous ferions le point régulièrement ensemble.

Bien vu !

Enfin, Patrick réapparaît comme acteur de ses propres solutions…

Peu habitué à formaliser son expérience, Patrick me demanda alors de l'aider à construire sa proposition dans l'idée d'un mailing et d'une présentation en face à face de ses thèmes de formation, de ses programmes détaillés… Il était très demandeur et je devais résister à ses demandes de temps à lui consacrer en complément de notre rencontre hebdomadaire. En deux mois, il mit en forme une dizaine de propositions de formation sur un à deux jours, avec les fiches pédagogiques et le programme détaillé, ainsi qu'un courrier de prospection.

En avril, il lança son mailing à un grand nombre d'écoles et d'organismes de formation que je lui avais indiqués (plus de cent).

Attention !

Le coach en herbe « travaille » beaucoup. Sa générosité est évidente, mais il ne semble pas avoir vérifié les quatre conditions pour éviter d'entrer en sauvetage* : 1. ne répondre qu'à des demandes explicites ; 2. disposer du temps, des compétences et des moyens nécessaires ; 3. ne pas dépasser ses propres limites et 4. veiller à ce que l'autre « travaille » effectivement.

Il avait mis toute son énergie dans cette action, avec une attente forte de résultat. Dans cette période, l'incertitude avait pesé lourdement sur ses épaules, et il était visible que la peur de l'échec, tant vis-à-vis de lui-même que vis-à-vis de son épouse, était très présente.

J'étais moi-même, je dois le reconnaître, dans l'incertitude et dans la peur que ça ne marche pas, bien que convaincu intellectuellement qu'il devait trouver des vacations, car il proposait des formations pointues et intéressantes, et il avait un réel savoir-faire en pédagogie ainsi qu'un très bon relationnel.

Dans mon accompagnement, j'ai donc dû gérer l'incertitude comme j'ai pu, la mienne (en ne la laissant pas paraître), et la sienne en veillant à ce que les moments entre le travail d'affinement et l'attente des réponses ne soient pas néfastes pour son moral.

Notre hypothèse !

Les deux « compères » ont mis en place une relation dans laquelle l'incertitude de l'un est mêlée à l'inquiétude de l'autre. Un coach professionnel serait alerté par son propre sentiment d'incertitude et s'interrogerait pour savoir s'il peut l'utiliser en tant que matériau de travail en séance.

Fin mai et début juin, Patrick avait deux propositions d'intervention de la part d'une école et d'un organisme de formation. L'essai était donc transformé. La recherche d'une fonction de directeur commercial n'était plus évoquée par Patrick, par moi non plus. Ces bonnes nouvelles nous ont stimulés et nous avons centré sa demande* d'accompagnement sur la préparation opérationnelle de ces deux interventions dans le détail, y compris les documents pédagogiques.

Notre hypothèse !

Le « nous » est fréquemment utilisé par le jeune coach... La symbiose* continuerait-elle ?

Les deux interventions se sont très bien déroulées. Patrick était très satisfait. Ce succès était symbolique : il montrait qu'il avait renoué avec le succès. Il l'a bien compris et a retrouvé toute sa confiance en lui, à ce moment-là.

De mon côté, j'étais heureux pour lui, et soulagé pour moi, car j'aurais pu échouer et je ne savais pas si j'aurais été capable de gérer cela. Mais j'avais réussi à lui faire reprendre pied sur le marché de l'emploi. J'estimais donc que j'avais rempli mon contrat, et j'en ai fait part à Patrick qui était d'accord pour que l'on arrête. Il m'a beaucoup remercié comme je l'ai remercié moi de m'avoir fait confiance. Nous avons fêté sa réussite autour d'un repas avant mon départ en vacances.

Au retour de ses vacances, début septembre, Patrick m'apprit qu'il venait de trouver par relation familiale un poste de directeur commercial dans une PME en province, à occuper début octobre. Il s'avérait que la piste oubliée avait continué de fonctionner dans l'ombre.

Notre hypothèse !

La « piste oubliée » est heureusement réapparue lorsque la symbiose* a diminué en importance.

J'étais encore plus heureux pour Patrick. Je me suis dit que ce poste était bien sûr ce qui pouvait lui arriver de mieux et que mon apport avait sans doute été de remettre Patrick dans son énergie positive, d'une part, de lui redonner confiance en lui, d'autre part, et que ces éléments l'avaient certainement aidé à se valoriser pour cette opportunité.

Notre analyse globale

« Et alors ? » pourrait-on dire devant ce cas de coaching effectué avec les moyens du bord, sans formation préalable de la personne qui a accompagné Patrick. L'ensemble « ténacité/générosité/confiance en l'autre » semble avoir merveilleusement fonctionné. L'aide apportée à Patrick a, très efficacement, pris en compte sa personne, et pas seulement son problème.

Car l'accompagnateur de Patrick (nous préférons ne pas dire « le coach »), en capitalisant sur sa propre intelligence professionnelle, a su effectivement mettre Patrick dans une énergie positive. Il a permis la juste expression de ses émotions, a su prendre intuitivement Patrick là où il en était de son histoire... Autant d'éléments qui ont permis à ce dernier de trouver ses propres solutions.

Alors... est-il vraiment si nécessaire de se former pour faire du coaching ? Faut-il maîtriser des outils subtils ? Les personnes attirées par le coaching se posent parfois cette question, et même les professionnels qui constatent qu'en certaines occasions, toutes les compétences du monde semblent trouver leur limite et que des attitudes simples comme la confiance en l'autre, le parler vrai et l'empathie donnent à elles seules de bons résultats.

Le problème de telles réussites, c'est justement... qu'elles réussissent ! C'est un peu comme un alpiniste amateur qui tenterait une course difficile et y parviendrait. Confiant en lui, il pourrait en tenter une deuxième, puis une troisième... jusqu'à l'accident grave. Jouant avec le feu, les sauveteurs qui « réussissent » s'enhardissent... et tombent un jour dans la toute-puissance*. Ceci n'est pas spécifique au coaching. Gros dégâts pour les coachés qui en font les frais, et aussi pour eux.

La fin du récit, heureusement, montre que le coach en herbe a conscience que les choses auraient pu déraper : « J'aurais pu échouer et je ne savais pas si j'aurais été capable de gérer cela. »

Fort heureusement, le jeune coach a pris conscience de sa propension à prendre le rôle de Sauveteur et en a tiré les conséquences en se formant sérieusement. Nous imaginons et espérons qu'il a pu alors, en travail thérapeutique*, comprendre les raisons profondes de cette propension et en tirer une sagesse indispensable à l'exercice du métier.

Hector et Zeboss : Veiller au contrat de coaching

Ce coaching montre l'importance d'établir des « contrats » de coaching solides. L'établissement de ceux-ci est une difficulté classique pour les coachs débutants.

Le contexte du coaching

Le « jeune coach » est en fait un consultant chevronné qui a ajouté récemment à sa palette professionnelle le coaching individuel en entreprise : deux métiers différents, comme il va l'apprendre à ses dépens.

Il intervient depuis trois mois auprès de Zeboss, le directeur général d'une société pharmaceutique. Ce dernier est un homme très directif qui impose sa cadence. Il a assuré l'intérim de son plus important laboratoire de recherche après avoir changé deux fois le directeur. Dans un premier temps, Zeboss demande au jeune coach de l'accompagner dans sa fonction, et un coaching démarre sur cette base. Puis Zeboss change soudain d'avis lorsqu'il recrute pour le laboratoire un troisième directeur nommé Hector.

Il décide en effet de confier au coach l'accompagnement d'Hector pour l'aider à asseoir son leadership : *« Prenez contact avec lui, il va vous recevoir. Pour l'instant, je sors du jeu et nous ne nous rencontrerons plus, mais vous continuerez d'être payé sur mon budget, c'est-à-dire par la direction générale. »*

Notre hypothèse !

Ces premières lignes laissent pressentir un éventuel enjeu secret* : que pense obtenir Zeboss de ce coaching pour le troisième directeur ? Garder la mainmise ? Évaluer sa nouvelle recrue ? Un coach expérimenté demanderait au DG : *« Que s'est-il passé avec les deux premiers qui ont été virés ? »* Et aussi : *« Qu'est-ce qui se passerait pour qu'Hector soit lui aussi viré ? »* Sans ces précautions de départ, le coach prend des risques.

Notre suggestion !

Mieux cadrer l'intervention au démarrage, surtout dans le cas de difficultés structurelles !

Le récit du jeune coach, initiation du coaching auprès d'Hector

Afin de pouvoir « enchaîner » le plus vite possible, et aussi, admettons-le, pour ne pas risquer de remettre en cause l'équilibre de ma relation avec Zeboss, je ne prends pas la précaution de demander d'emblée un entretien tripartite avec Hector pour définir les termes d'un nouveau contrat. Nous restons donc basés de manière tacite sur notre échange initial de courriers électroniques…

Je « rationalise » ma négligence en me disant que l'essentiel est de s'inscrire dans la continuité, et qu'après tout, il sera bien temps d'y revenir si la demande* d'Hector ne reflète pas la mission fixée par Zeboss.

Attention !

Le coach a conscience que cette « négligence », constituée par l'absence de contrat tripartite*, a son importance, c'est déjà ça ! Mais il passe outre et va certainement le payer plus tard…

La première séance

Lorsque j'interroge Hector sur ce qu'il souhaite aborder en priorité, il me répond sans hésiter : *« Je suis débordé, je n'y arrive pas, j'ai l'impression de tout faire. Je ne me sens pas soutenu par les membres du CODIR du laboratoire. Les gens ne s'impliquent pas dans la mise au point de l'ordre du jour des réunions. Une fois arrivés en réunion, souvent en retard, ils entrent et sortent à leur guise, utilisent leur téléphone portable, et il leur arrive de parler entre eux comme si je n'étais pas là. Après les réunions, ils mettent un temps fou à passer à l'action sur les décisions prises. »*

La première analyse du jeune coach

Le tableau qu'Hector vient de dépeindre me conforte dans l'idée qu'il ne maîtrise pas les ressorts du « management professionnel aux standards du privé » souhaités par Zeboss. Quels sont alors les véritables motifs du choix de Zeboss ? A-t-il recruté Hector pour être sûr de pouvoir continuer à garder la haute main sur la gestion du laboratoire tout en prétendant le contraire ? Autrement dit, est-il en train de reproduire une troisième fois le même schéma (déjà deux directeurs éconduits en quatre ans...) ?

Si ces craintes se révèlent fondées, le danger est grand qu'Hector s'installe dans une position de dépendance durable vis-à-vis de Zeboss, auquel cas ma stratégie de coaching* consisterait à l'aider à franchir les différentes étapes du cycle d'autonomie. En attendant de pouvoir confirmer cette hypothèse, je dois prendre en compte les priorités indiquées par Hector, car il y a urgence au niveau opérationnel, c'est-à-dire pour le pilotage du laboratoire.

Attention !

Le jeune coach veut utiliser des outils de coaching sans avoir exploré suffisamment le contexte. Étant donné la possible intention de contrôle de Zeboss, inviter Hector à la contre-dépendance peut s'avérer dangereux. Une stratégie* alternative serait de « limiter les dégâts » liés à la sage position de dépendance due au caractère autoritaire de Zeboss (que le jeune coach connaît bien puisqu'il avait démarré un coaching avec lui).

La mise en œuvre du travail de coaching par Hector

Nous voici partis pour une première phase de quatre séances de travail qui permettent à Hector d'élaborer et de mettre en place une « charte des règles et des comportements » vis-à-vis de son CODIR. Hector traite également, au cours de deux séances supplémentaires, une problématique* de dialogue social qui « l'empêche de dormir ». Le tout donne d'excellents résultats, ce qui me vaut les remerciements émus d'Hector. Le transfert* opère à plein... Nous convenons de continuer à nous voir de façon régulière, « au moins une fois tous les quinze jours tout au long de l'année, et plus si... »

Attention !

Pour un contrat de coaching sans objectifs ni critères, cela semble bien long, d'autant plus que, compte tenu de l'absence de contrat tripartite* et de critères de réussite au départ, aucun bilan de coaching n'a été fait avec Zeboss. Le risque est qu'une nouvelle et trop forte dépendance s'installe entre Hector et le jeune coach.

L'analyse du jeune coach à cette étape

Notre relation coach/coaché est excellente, et nous continuons à fonctionner sur la base d'un contrat relationnel* correct, séance après séance. Je continue à croire que je peux faire l'économie d'un contrat d'affaires* en bonne et due forme, dont je n'ai pas encore perçu toute l'importance.

Toutefois, je reste préoccupé par la relation entre Hector et Zeboss. Comme il me l'avait annoncé, ce dernier maintient le silence radio depuis un mois, et Hector évite soigneusement le sujet. Lorsqu'il évoque Zeboss, ce qui est très rare, c'est pour le placer sur un piédestal avec des phrases du type : *« J'ai beaucoup de respect et d'admiration pour lui ; c'est un vrai dirigeant, précis et rigoureux, qui connaît à fond la maison ; il ne me court-circuite jamais et j'apprécie beaucoup, etc. »*

Ces propos, et surtout le ton de déférence sur lequel ils sont prononcés, me renforcent dans ma conviction qu'Hector a une vraie problématique d'autonomie. Pour travailler cet aspect, j'attends le moment propice, un élément déclencheur...

Notre hypothèse !

La problématique d'autonomie* semble effectivement présente mais, du fait de l'absence d'un contrat d'affaires* triangulaire correct, le terrain sur lequel se déroule le coaching est miné. Tant que ceci ne sera pas mis en place, il y aura le risque d'un retournement de situation, Zeboss réapparaissant brusquement sur le devant de la scène.

L'élargissement de la mission

Un mois après notre bilan d'étape, vers la mi-avril, Hector m'adresse une nouvelle demande* : *« Je suis en poste depuis bientôt quatre mois*, dit-il, *et j'aimerais organiser un séminaire de cohésion entre le CODIR et l'encadrement de proximité. J'en ressens le besoin* car, à mon avis, les décisions prises en CODIR ne sont pas appliquées suffisamment vite sur le terrain. "Ça coince" quelque part sur la ligne hiérarchique. Pouvez-vous m'aider à mettre sur pieds ce séminaire, puis l'animer ? »* J'accepte.

Attention !

Le jeune coach acquiesce trop vite ! A-t-il les compétences pour préparer et animer dans l'absolu un tel séminaire (oui, puisqu'il est un consultant chevronné) ? Peut-il assurer la protection* d'Hector pendant le séminaire (vraisemblablement, non : il va être pris entre deux feux) ? A-t-il assuré sa propre protection (non) ? Il s'engage dans une nouvelle mission sans contrat clair et joue les apprentis sorciers…

J'enclenche le processus* du séminaire par une série d'entretiens individuels avec les membres du CODIR du laboratoire, afin de sonder leurs attentes sur le contenu* comme sur la façon de mener le séminaire. Presque tous les membres du CODIR se montrent très critiques à l'égard d'Hector. Selon eux, il *« n'a pas su s'imposer »* et *« a fait souvent preuve d'autoritarisme pour masquer son incapacité à déléguer »*.

Ils ne le considèrent pas comme un *« véritable leader »*, mais comme *« la voix de son maître »*. J'en conclus que c'est bien Zeboss qui continue à diriger le laboratoire en sous-main et que les collaborateurs d'Hector en sont conscients, même si le nom de Zeboss n'est presque jamais cité… Les membres du CODIR semblent redouter celui-ci, autant qu'ils traitent Hector par-dessus la jambe.

Je restitue ces propos à Hector, qui les met sur le compte d'une « *forte résistance* au changement de la part de cadres bousculés dans leur confort et qui n'ont plus la possibilité de se retrancher derrière le système* ». J'emmagasine tout cela et décide de laisser passer le séminaire avant de me montrer plus interventionniste*, car je compte qu'il va s'y dérouler des événements sur lesquels je pourrai ensuite m'appuyer dans mon travail avec Hector.

Notre hypothèse !

Il y a risque d'une « non-intervention » dommageable* de la part du jeune coach. En effet, les membres du CODIR se sont exprimés de manière très critique et risquent de s'opposer à leur directeur devant les managers de proximité lors du séminaire, ce qui mettra Hector (et le jeune coach) en situation délicate. En alertant Hector sur cette éventualité, il permettrait à Hector d'évaluer les risques d'un séminaire tenu dans ces conditions et de mettre en place les nécessaires protections*.

Le jumelage d'un coaching individuel et de l'accompagnement de l'équipe de la personne coachée est en lui-même un métier qui demande de grandes compétences en processus* de groupe que notre jeune coach ne possède pas !

Le séminaire a lieu et les membres du CODIR s'y montrent agressifs avec Hector. Ils ne le soutiennent pas lorsqu'il est en difficulté face à l'encadrement de terrain. À plusieurs reprises, sa crédibilité en tant que directeur est remise ouvertement en question par ses proches collaborateurs.

La séance de coaching individuel suivante est consacrée au débriefing du séminaire. Pour la première fois, Hector évoque directement ses difficultés avec son DG.

Zeboss intervient

C'est à ce moment-là que Zeboss, le DG, demande à me rencontrer en tête à tête pour faire le point suite au séminaire. Se montrant très intrusif, il me demande de porter des jugements sur Hector… Je prends alors pleinement conscience de l'ambiguïté créée par le manque de contrat tripartite*…

Prenant mon courage à deux mains, j'explique à Zeboss pourquoi son questionnement va à l'encontre de la déontologie d'un coach et je demande l'organisation d'un entretien tripartite avec Hector afin de « *définir clairement les conditions et les objectifs de mon intervention* ». Mieux vaut tard que jamais !

Bien vu !

Enfin, le jeune coach effectue utilement un rappel à la déontologie et demande à préciser l'aspect contractuel. Il ne tombe pas dans le piège de répondre à la question de Zeboss (intervention sur le contenu*) et, en proposant le tripartite, reprend la main sur le processus*.

Évidemment, Zeboss le prend très mal et s'appuie à fond sur l'absence de cadre pour laisser parler le naturel : « *Je vous rappelle que vous travaillez pour moi et, d'ailleurs, c'est moi qui vous paie. Par conséquent, j'attends que vous fassiez ce que je vous demande.* » Je n'y vais pas par quatre chemins : « *M. Zeboss, que se passera-t-il si Hector échoue à son poste et s'en va ? Qui, à votre avis, portera la responsabilité finale de l'échec, notamment vis-à-vis du président ? Pouvez-vous vraiment vous permettre de perdre un troisième directeur en cinq ans sans éveiller de gros soupçons sur votre propre capacité à diriger ?* »

L'intuition était bonne : pendant quelques secondes qui durent une éternité, Zeboss se tait et regarde ses notes sans bouger, avant de redresser la tête pour me dire :

« *Que suggérez-vous ?*

— *Rien d'autre que ce que je viens de vous demander : un entretien à trois et la possibilité de clarifier ensemble les conditions de mon intervention. Ce sera très bénéfique pour tout le monde, y compris pour vous.*

— *Alors faisons comme ça, je vais demander à Hector de mettre cette réunion sur les rails.* »

Lorsque je ressors de son bureau, je sais que je reviens de loin…

Bien vu !

Très belle opération ! Le jeune coach garde en tête les enjeux de son coaching avec Hector et montre que, même en situation difficile, il a la capacité de faire sortir Zeboss de l'impasse dans laquelle ce dernier s'était enfermé en voulant tout contrôler. C'était d'autant plus délicat que, dans un premier temps, il était intervenu temporairement en coaching auprès de Zeboss…

L'entretien tripartite

L'entretien tripartite permet à Zeboss, Hector et à moi-même, qui en dirige le processus, de nous mettre d'accord sur les objectifs du contrat de coaching : la mise sur pied d'une véritable délégation de responsabilité de Zeboss à l'égard d'Hector en tant que directeur du laboratoire. L'avancée est réelle : il s'agit ni plus ni moins de faire sortir le laboratoire de la tutelle permanente de la DG, ce qui est une première dans l'histoire de l'institution.

Nouvelle phase de coaching avec contrat

J'obtiens rapidement un document signé des deux hommes ainsi que le transfert de l'intervention de coaching sur le budget du laboratoire et non plus de la DG de Zeboss.

Bien vu !

La question du « qui paie » est souvent capitale en coaching, car le payeur garde toujours un certain droit de contrôle.

S'ensuit une série de séances consacrées à accompagner Hector sur un chemin d'autonomie* vis-à-vis de Zeboss.

Il devient capable de dire « non » à son directeur général, et cette capacité à elle seule lui vaut de retrouver la considération des membres de son CODIR, auprès desquels il avait un sérieux problème de crédibilité. Ce respect retrouvé lui facilite beaucoup le pilotage du laboratoire. Rapidement, Hector devient donc capable de s'opposer à Zeboss de manière constructive, ce qui explique sans doute pourquoi ce dernier ne se livre à aucune mesure de rétorsion.

Au moment où j'écris ce récit, le coaching n'est pas terminé. Il reste beaucoup à faire pour aider les deux hommes à entrer en interdépendance. Je pense qu'Hector a la capacité – en tout cas l'envie – de franchir cette dernière étape. De son côté, M. Zeboss acceptera-t-il de faire le bout de chemin nécessaire ? Quoi qu'il en soit, à supposer qu'il soit partant, ce serait l'œuvre d'un autre coach…

Bien vu !

Envisager le recours à un confrère pour accompagner Zeboss permettrait effectivement de rétablir un sain équilibre et le respect d'une déontologie professionnelle.

Notre analyse globale

Ce coaching, qui pouvait paraître celui d'une « simple » prise de poste d'Hector, s'avère demander force, finesse et fermeté. Compte tenu du contexte, un contrat solide aurait été nécessaire dès le début. Il aurait permis de limiter les risques.

La principale problématique d'Hector semble être d'acquérir, grâce au coach, un sens politique pour gérer au mieux Zeboss, son DG autoritaire.

Quant au jeune coach, il veut trop en faire. Aveuglé par son expérience de consultant auprès d'équipes, il pense pouvoir avancer sans contrat et, en acceptant d'animer un séminaire, expose son nouveau coaché, alors que celui-ci a besoin de protection*.

Malgré ces erreurs de jeunesse (en tant que coach), le jeune coach a démontré un magnifique sens tactique, une forte capacité à rebondir et à s'adapter aux situations. Il a de la puissance* dans la confrontation* des hiérarchiques.

Un bon réflexe de contractualisation lui permettra d'aller plus vite et plus juste dans ses interventions.

Fred Tertio : S'autoriser à agir dans la relation et le processus

Le contexte du coaching

Le jeune coach, un ancien dirigeant passé au métier de consultant, est un « senior confirmé » de son métier. Mais, en coaching, il ne fait que débuter... Il a fait part autour de lui de sa recherche de clients qui accepteraient de travailler avec un « apprenti coach ». Il est rapidement contacté par Fred Tertio, directeur général de la société Sygma, ami d'une amie. Fred explique au jeune coach qu'il a besoin de quelqu'un pour le faire réfléchir sur l'évolution de sa carrière. Rendez-vous est pris pour un premier entretien.

Au sein de sa formation, le jeune coach est un très bon élève, soucieux de bien faire et de mettre en pratique tous les beaux outils qu'il est en train d'acquérir... au risque de vouloir trop en faire, comme nous allons le voir très vite au travers ce début de coaching...

Notre suggestion !

Le « premier coaching » est souvent obtenu par relations. Mieux vaut indiquer que l'on est coach en formation. Cette précaution facilite le contact avec le coaché et permet aussi au coach d'arguer à juste titre de ses limites professionnelles, en informant en particulier le coaché que l'on pourra arrêter si cela s'avère trop difficile.

Le récit du jeune coach, première séance

Un peu anxieux, je décide d'aborder cette première séance avec trois objectifs :

- écouter, établir la confiance et le kit de survie* (création d'un lien de qualité avec le coaché) ;

- analyser la demande de la personne coachée en utilisant la grille d'analyse de la demande* ;
- établir un contrat de coaching de plusieurs séances.

Attention !

Le jeune coach confond contrat de coaching et contrat de séance*, nous le verrons à plusieurs reprises...

Je me suis préparé en relisant attentivement les concepts de zones d'intervention*, quelques exercices d'analyse de la demande*, une explication orale du coaching, de ma déontologie et de ma démarche de formation pour devenir coach.

Attention !

Réviser, pour un jeune coach, est une attitude on ne peut plus naturelle avant un premier coaching. Mais, au moment de démarrer, mieux vaut avoir « tout oublié » et se concentrer sur ce qui se passe dans l'instant, en intelligence de situation*.

J'arrive vingt minutes en avance, m'assois sur un banc dans le parc pour me recentrer. J'analyse ma zone 1* et mon énergie : anxieux mais bien physiquement, bien décidé à ne pas me mettre d'enjeu, même si Fred est un « beau poisson »...

Attention !

« Beau poisson » ? Un brin d'admiration, peut-être ? Attention au « contre-transfert*... » Démarrer un coaching en trouvant que le client est « important » du fait de son statut, de son niveau de responsabilité ou de du poids de son entreprise, c'est se limiter d'emblée en puissance personnelle*. Pour un coach, tous les clients sont égaux. Mais comment être ici puriste sur ce point ? Le jeune coach est tout à la joie de démarrer le métier, c'est tellement humain !

Surtout le laisser parler, car mes premières mises en situation en formation ont révélé un besoin* d'amélioration dans ce domaine.

Bien vu !

Bravo pour ce temps accordé à l'écoute profonde et pour la lucidité du coach sur lui-même !

Dès mon entrée, je suis accueilli chaleureusement par Fred Tertio. Mon « cobaye » m'explique qu'il a bondi sur l'opportunité car il a besoin de réfléchir sur son avenir professionnel, et aussi tout simplement de parler, s'exprimer à cœur ouvert. Il apprécie ma séniorité et la richesse de mon parcours professionnel, qui sont pour lui des gages de crédibilité.

Je le remercie de participer à mon apprentissage. Je lui dis que si je ne me sens pas en mesure de l'aider, je le lui dirai, et nous clôturerons le coaching en douceur. Il accepte la règle du jeu. Il place beaucoup d'espoir en notre dialogue et déjà il me dit qu'il se sent en confiance, alors que notre échange n'est pas été encore très avancé. Puis je me tais et j'écoute.

Bien vu !

Excellente façon de démarrer un « premier coaching » en posant les choses clairement vis-à-vis de la personne coachée.

Fred a 47 ans, centralien de formation, marié avec quatre enfants, directeur général de Sygma, une entreprise spécialisée dans l'imagerie médicale. Sa famille vit à Nice depuis leur retour de Pretoria où il a vécu plusieurs années d'expatriation. Il vit aujourd'hui dans un studio loué dans le centre de Paris et rejoint sa famille tous les week-ends.

Fred me fait part de deux soucis :

- il avait l'habitude de changer de job tous les cinq ans… et voilà cinq années déjà passées dans son entreprise actuelle. Aujourd'hui, il n'a pas de vision sur son futur. À 47 ans, avec quatre enfants entre 10 et 19 ans, la mobilité internationale est devenue difficile à gérer ;

- sa famille souffre des éloignements hebdomadaires récurrents depuis cinq ans. Il se sent coupable vis-à-vis d'eux, et surtout de sa femme qui a tenu les enfants à bout de bras pendant cette période.

Je profite d'une pause pour lui poser une question essentielle dans l'analyse de la demande* : « *Qu'attendez-vous de moi ?* » Réponse : « *M'aider à arriver à une décision à deux ans qui concilie aspirations professionnelles et personnelles.* » Il ajoute : « *Ne pas faire souffrir mon épouse dans mes décisions à venir et ne pas lâcher la proie pour l'ombre.* »

J'ai là un coaché qui a envie de travailler. Il me dit avoir déjà envisagé différents scénarios, mais ne pas arriver à se décider. Il veut m'utiliser comme miroir pour avancer et faire le bon choix. Il me dit qu'il n'attend pas de moi des solutions toutes faites. Il fait un « transfert* » positif sur moi en m'investissant d'une certaine autorité dans ses domaines de compétences managériales et sur ma personne.

Je pense avoir compris son besoin* de séance : parler, se soulager, lâcher prise, exprimer ses émotions. Je préfère garder d'autres éléments de l'analyse de la demande pour une autre séance.

Attention !

Il n'y a pas de « contrat de séance* » ! Mais il est tout de même judicieux de garder l'analyse de la demande* pour la séance suivante, même si l'on sort de celle-ci avec des hypothèses non vérifiées. Tout ne peut pas être fait en une seule fois.

Notre suggestion !

En fin de séance, indiquer au coaché que l'on met l'analyse de la demande* à l'ordre du jour de la fois suivante.

Je le remercie pour sa franchise et sa confiance et lui demande comment il se sent après une heure trente d'entretien. Il se dit fatigué, car c'est la première fois qu'il s'épanche de la sorte. Il reconnaît qu'il en avait besoin et me remercie de l'avoir écouté. Son corps est plus détendu. Il se rend compte probablement que se confier à un étranger, lui confier son désarroi, cette prise de risque, tout cela est bénéfique. Il est satisfait de cette première séance et veut continuer.

Je lui propose une série de six séances de deux heures environ toutes les trois semaines. Il est d'accord sur ces modalités. Le lieu sera son bureau, après 18 h 30 de préférence.

Attention !

Ici nous avons les modalités pratiques d'application du contrat. Mais il manque l'objet de ce contrat.

La deuxième séance

Dès la poignée de main, je sens que Fred a envie de travailler. Je suis arrivé avec ma liste de points à compléter… j'ai hâte de l'aider, mais je suis décidé à rester vigilant par rapport à l'envie de trop bien faire du jeune bon élève.

Attention !

Bonne lucidité car il y a dans la phrase « *J'ai envie de l'aider* » un risque de sauvetage*, d'autant plus que la liste de points à compléter vient… du jeune coach et pas de la personne coachée.

Je lui demande comment il va depuis notre première session, et il me répond qu'il a envie d'en découdre avec son problème. Il se met de plus en plus de pression vis-à-vis de sa famille. Je le laisse parler, et il m'explique plus en détail les impératifs scolaires de ses quatre enfants.

Notre suggestion !

Penser à verbaliser et verrouiller le contrat de séance*… !

Voyant un *paper-board* derrière lui, pris d'une inspiration subite, je me lève pour dessiner les zones d'intervention* 3 à 8 du modèle et lui explique le concept : « *Un bon croquis vaut mieux qu'un long discours.* » Je lui propose aussi de prendre le feutre et de passer lui-même à travers ces zones. Je ne me suis pas trompé : Fred, debout avec un feutre à la main, se sent bien. Il y a moins d'émotion que la première fois, et il apprécie de se rassurer par une analyse clinique de la situation. À ce point-là, mon travail est minime : j'écoute, je note, j'acquiesce ou je reformule avec précaution. Souvent il s'arrête, réfléchit un instant et me dit : « *Tiens ! Je ne m'étais pas rendu compte de ceci ou cela* » et va à son bureau pour noter quelque chose. J'ai le sentiment qu'il n'a pas beaucoup eu d'espace de réflexion depuis un moment.

Bien vu !

Le coaché travaille, parfait... !

On discute de ses relations avec son « environnement* ». Son équipe marche bien et il se sent à l'aise avec elle, car il a recruté lui-même les trois-quarts des effectifs. Après quatre ans d'effort, il est fier du travail accompli. Il a leur soutien, bien qu'il ne passe pas assez de temps avec eux. Il s'attribue un bon sens politique, se sent très autonome dans son mode de fonctionnement (zone 3)... peut-être trop (Fred est un CODIR à lui tout seul !). Il admet également ne donner qu'assez peu de signes de reconnaissance*. Lui-même les accepte difficilement. Nous consacrons un peu de temps à ce concept, et il se rend compte rapidement qu'il peut faire beaucoup mieux avec son staff et sa famille.

Attention !

L'utilisation du concept-clé des signes de reconnaissance* est peut-être pertinente... si elle apparaît dans le fil directeur du coaching. Pour l'instant, ce fil n'apparaît pas de façon évidente.

Notre suggestion !

Garder en « musette de coach » un possible travail sur la reconnaissance à partir de la relation coach/coaché. Quels signes Fred peut-il recevoir du jeune coach ? Lesquels pourrait-il lui envoyer ? Travail ultérieurement envisageable à condition, bien sûr, que le jeune coach sache à ce moment-là se mettre en position « méta ».

Quand je lui demande comment il voudrait être dans 6 mois…

Bien vu !

Très bonne question pour obliger le coaché à se projeter dans le futur, à explorer l'état désiré, en accord avec sa demande de la première séance.

… la réponse fuse : *« Être en paix avec moi-même et ma femme au sujet de ma famille, tout en continuant à faire un job qui m'intéresse. »* Le problème se précise. Je lui demande s'il a déjà réfléchi à des options pour arriver à ce résultat et il m'en donne plusieurs :

- *« Je ne bouge pas, et la famille vient ici. »*
- *« Ma femme ne vient pas, et je change de job. »*
- *« Je cherche à l'international et je fais un bilan de compétences. »*
- *« Je cherche un job comme consultant. »*
- *« Je ne bouge pas, la famille reste, et je reprends une entreprise, c'est mon côté défi. »*

Je lui demande de quoi il a besoin*, et il me répond qu'il veut étudier toutes ces options avec moi pour y voir plus clair. La demande* se précise. Il a toujours peur de se tromper et, à 47 ans, dit qu'on a moins droit à l'erreur dans une réorientation de carrière.

Nos deux heures sont écoulées, je lui suggère d'arrêter là et de revoir toutes ces options à la prochaine session, prévue début janvier. À ce stade, mon impression est qu'il va probablement être amené à faire des choix, peut-être même à faire le deuil* d'une partie de ses ambitions professionnelles. Je devrais peut-être le confronter à la prochaine session pour qu'il avance.

Bien vu !

Le jeune coach n'a pas le temps nécessaire en fin de séance pour confronter tout de suite Fred.

La troisième séance

Fred arrive en retard. Après les politesses d'usage, il m'annonce que les vacances en famille ont été propices à la décision : sa femme et lui ont décidé de déménager la famille sur Paris pour la prochaine rentrée scolaire. Il comprend que ce rapprochement va modifier sa vie familiale et conjugale après tant d'années d'allers et retours Paris-Nice. Je lui demande comment cette décision a été prise, et il répond que c'est grâce au travail que nous avons fait ensemble, qu'il s'est rendu compte que sa famille était son socle et qu'il devait d'abord retrouver ses bases.

Bien vu !

Le coaching semble avoir été un vrai facteur de changement, avec des décisions concrètes et des prises de conscience…

Il se lance ensuite dans l'explication des changements possibles au niveau professionnel. Maintenant que le problème familial est résolu, il doit se concentrer sur son « deuxième déséquilibre », comme il l'appelle, qui est de concilier dans son job insécurité et nécessité de rester libre de ses choix.

Je lui demande ce qu'il attend de moi pendant cette séance. Sans répondre directement, Fred me dit qu'il se sent fatigué aujourd'hui après une journée de quatorze heures. Ce qui m'amène à lui demander pourquoi il quitte son bureau tous les soirs après 21 heures, alors que les bureaux sont vides quand j'arrive à 19 heures.

Attention !

Fred « redéfinit* » la question du jeune coach. Pourquoi celui-ci ne veut-il pas répondre ?

Il me répond qu'il manque de moyens pour tout assurer. Je lui fais remarquer qu'avec l'arrivée de sa famille à Paris, il va devoir passer moins de temps au bureau. Je passe en position haute* et je l'invite à réfléchir à la possibilité de déléguer davantage en mettant en place un CODIR digne de ce nom.

Attention !

Ce n'est pas de se mettre en position haute* qui pose ici problème, c'est que cela porte sur le « contenu* » du coaching (les sujets à travailler) et pas sur le processus*, car c'est au coaché à indiquer les sujets à travailler et à les prioriser. Le jeune coach peut se dire par-devers lui que le thème de la gestion du temps serait intéressant. Si c'est le cas, métacommuniquer* sur ce point avec Fred.

Si j'en juge par ses commentaires comme par son non-verbal, le résultat de notre travail est bénéfique… même si Fred se rend compte qu'il a encore pas mal d'efforts à fournir pour assurer un atterrissage en douceur de sa famille et, en même temps, se donner plus de temps à lui-même.

Bien vu !

Bravo pour ce sens de l'observation et pour le souci de recueillir un *feed-back* de la personne coachée à la fin de chaque séance.

Il va travailler sur ces deux axes : réduire son activité et se ménager. Rendez-vous est pris pour le 14 février.

La quatrième séance

Fred est très fier de m'annoncer qu'il a trouvé un appartement pour sa famille et qu'il a fait sa première réunion de CODIR.

Bien vu !

Décidément, notre coach en herbe a un vrai pouvoir de déclenchement du changement… et beaucoup plus de puissance* qu'il ne l'imagine !

Il a conscience qu'il doit prendre du recul par rapport à ses activités journalières, et donc travailler sur sa posture de DG. Il a trois réunions institutionnalisées maintenant ; un CODIR hebdomadaire restreint à trois membres – lui, le DGA et la secrétaire générale –, puis un comité élargi qui se réunira tous les mois. Il n'a pas annoncé au staff cette création de CODIR ni fixé encore de règles. Je lui recommande de le faire. Au passage, il me dit qu'il est très content de ce coaching. J'accepte avec plaisir ce signe de reconnaissance* positif.

Attention !

L'intervention du jeune coach (recommandation) se concevrait s'il estimait qu'il y avait danger pour Fred, ce qui ne semble pas être le cas.

Je lui demande ensuite sur quoi il veut travailler durant cette séance. Après une bonne minute de silence (dur, dur)…

Bien vu !

Les silences sont des moments-clés dans une séance. De plus, le jeune coach reprend la main sur le processus* : c'est Fred qui « travaille », pas lui.

… Fred me répond qu'il veut savoir si son nouveau système de délégation modifie son image auprès de son équipe. Surpris par cette question, je lui rappelle que le but initial était de dégager du temps pour rentrer à des heures raisonnables, le soir, quand sa famille sera là.

Attention !

Le jeune coach « paie » l'absence d'un contrat clair de coaching et de contrats de séance*. Est-il « enivré » par les succès de son client au point de ne pas voir que ce coaching commence à ressembler à un « zapping » d'études de problèmes dans tous les sens ?

Je lui propose de faire une analyse de son temps de travail. Fred accepte…

Notre hypothèse !

Proposer un thème de travail n'est pas mal en soi. Le thème choisi est très opérationnel et peut ouvrir de nouveaux axes de progrès concrets.

… et imprime le calendrier d'avril et de mai. Nous passons une bonne heure à classer en différentes catégories ses rendez-vous sur soixante jours. Là, Fred commence à se rendre compte qu'il lui faudrait un responsable international ; il semble avoir touché du doigt un problème majeur. Je le lui fais remarquer, mais il répond qu'il n'a pas les moyens de se payer quelqu'un de bien. Il va y réfléchir.

On se quitte sur l'agenda de la prochaine séance de mars 2007 :

- efficacité du nouveau CODIR. Est-il générateur de meilleure communication interne et de gain de temps pour lui ? *Feedback* et perception de son staff ;
- mesures prises suite à l'analyse du temps passé ;
- *quid* de la création d'un autre poste de responsable à l'international ?

Le bilan du coach à mi-parcours

Ce coaching est toujours en cours. Nous avons dû annuler la séance de mars pour cause de convocation par son patron à la dernière minute, mais nous avons eu un entretien téléphonique. Fred est très occupé par le déménagement de la famille et la pression au travail. Je lui demande s'il veut arrêter le coaching. Surtout pas !

Il m'annonce qu'il a un gros souci avec deux membres de son équipe et qu'il voudrait en parler lors de la prochaine séance, prévue pour mi-avril. Au chapitre des bonnes nouvelles, sa femme a trouvé un travail et c'est un gros soulagement. Côté famille, tout va très bien…

Notre analyse globale

Le jeune coach est plein de promesses. Il est attentif, vigilant, bienveillant, souvent lucide sur lui-même et les pièges qui l'attendent. Dès ses premiers pas, il accorde une importance primordiale à la qualité du lien avec son interlocuteur (kit de survie*), à juste titre.

Ceci nous conduit au paradoxe de ce cas : l'alliance* entre Fred et le jeune coach est excellente… mais ce dernier ne l'utilise pas pour travailler « en puissance* », c'est-à-dire pour recadrer ou confronter Fred au moment où il faudrait le faire, ni pour établir de solides contrats de séance*, sans parler du contrat global de coaching qui n'a pas vraiment été formulé clairement.

Tout au long des séances, les interventions du jeune coach restent timides, comme « en retrait ». Au lieu de se servir de sa personne, autrement dit de faire confiance à ses intuitions (qui sont excellentes), à sa qualité d'être et à son expérience du monde de l'entreprise, il essaie de mettre en œuvre de manière un peu scolaire des outils qu'il maîtrise encore mal.

Grâce à sa lucidité – qui serait sans doute utilement secondée grâce à son travail thérapeutique* pour développer sa capacité à incarner son identité de coach – le jeune coach va sans aucun doute progresser très vite et libérer sa « puissance* »… que l'on voit déjà à l'œuvre, puisqu'il déclenche chez Fred un vrai processus* de changement.

Alain : Assurer la protection du client

Le contexte du coaching

Le jeune coach a une grande expérience de l'entreprise mais démarre son métier de coach. Par relation, il trouve son premier coaching avec Alain.

Alain est ancien DG d'une filiale de vingt personnes d'un groupe informatique, vendue depuis à un autre grand groupe. Il y a été nommé directeur des opérations France pour l'une de ses branches. Il travaille depuis neuf mois avec un hiérarchique nommé Paul et deux responsables fonctionnels… et rencontre des difficultés d'intégration.

Alain a un profil d'autodidacte, des valeurs fortes (humilité, confiance, désir de bien faire). Son patron, Paul, lui recommande avec insistance un coaching qu'Alain accepte.

Le récit du jeune coach, premier entretien de prise de contact

D'emblée, mon contact avec Alain a été franc, chaleureux et cordial. Il s'est empressé de me dire qu'il avait accepté de me rencontrer uniquement parce que Paul, son chef, lui avait proposé un coaching dans le cadre de son évolution professionnelle. Il me dit aussi qu'il est très perplexe sur le coaching en général « *qui est très à la mode… mais que lui sait ce dont il a besoin**, *et comment il doit s'y prendre* ».

Notre hypothèse !

Nous pouvons penser qu'Alain s'est senti obligé d'accepter ce coaching. Le jeune coach va devoir faire alliance* avec un coaché non volontaire. Ce n'est pas gagné…

Notre suggestion !

Ce que dit Alain est paradoxal. Il est d'accord sur un coaching mais dit qu'il n'en a pas besoin. Le jeune coach pourrait soit l'interroger sur ce paradoxe, soit le garder dans sa musette pour la suite.

Je lui décris la façon dont nous allons travailler si nous décidons d'aller plus avant. Il m'interroge beaucoup sur la façon dont vont se dérouler nos séances. Le sentant sur la défensive à l'égard du coaching et assez sûr de lui d'une façon générale, j'adopte d'emblée une position haute* pour lui indiquer ce qui n'est pas négociable dans ce coaching. Il accueille très bien cette posture et je pose ainsi les limites de mon intervention, notamment en termes de déontologie.

Bien vu !

Bravo au coach d'être à l'écoute de ses ressentis concernant Alain et de sa précaution à poser des limites !

Alain poursuit et dit s'interroger sur sa capacité à s'intégrer dans son nouveau groupe, à gérer le stress et la pression, à bien en appréhender le système hiérarchique, le fonctionnement et la culture managériale.

Notre hypothèse !

La supposition d'une forte résistance* au coaching se révèle fausse. En fait, Alain accepte très rapidement de parler de lui, sans doute parce que le coach, en posant les règles du jeu, a su le rassurer.

Il dit avoir un très bon potentiel et être parfaitement conscient de ses responsabilités. Il a « *toujours eu la volonté de réussir* » ce qu'il entreprend et indique « *aimer le pouvoir* ». En revanche, il m'apparaît très stressé par sa situation professionnelle actuelle et par le deuil* qu'il va devoir faire de ses anciennes habitudes de travail. Cela se traduit par des déclarations comme : « *Je refuse les conseils du type "je sais ce qui est bon pour toi" – je suis rétif aux processus*, aux procédures –, je tiens à la confidentialité* *de nos entretiens, il est hors de question que ma hiérarchie sache quoi que ce soit de nos échanges... »*

Notre hypothèse !

Contrairement à ce qu'il semblait dire au départ, Alain vit difficilement sa situation professionnelle actuelle. Ce n'est pas encore une demande* d'aide, mais cela y va tout droit.

Dans la suite et fin de l'entretien, les objectifs sont précisés sans être formalisés.

Bien vu !

Lorsqu'un client vient en coaching « à reculons », il est sage d'attendre pour conclure un contrat que la relation soit bien établie. Le jeune coach pourrait proposer un contrat de patouille* pour la séance suivante.

La première séance (dans le bureau du jeune coach)

À peine arrivé, Alain me dit d'emblée : *« Ils sont tous fous dans cette boîte, qu'est ce que je fais là-dedans ? »* Je juge nécessaire de lui laisser exprimer ses émotions. De fait, il exprime alors une certaine crainte, voire de la peur vis-à-vis de son nouvel environnement* professionnel.

Bien vu !

Bravo au coach de laisser aux émotions d'Alain la possibilité de s'exprimer. La façon dont le coaché démarre la séance montre également que le kit de survie* établi la fois précédente est toujours aussi bon.

Il parle beaucoup, mais meuble ses propos. Je lui propose alors de se centrer sur les objectifs du contrat de coaching, ce qu'il en attend. Il me dit : *« Tu sais, il faut que tu saches que je ne suis pas comme eux. Ce sont des machines. J'ai du mal à comprendre ce manque d'humanité, ça me gêne sur un plan culturel. De plus, je ne supporte pas mon patron Europe... mais bien sûr je suis prêt à accepter. »*

À cette dernière phrase, je ne sais comment réagir, car il doit y avoir beaucoup de choses derrière : s'inscrit-il en position de Victime, est-il en désaccord, est-il sous une pression plus forte qu'il ne le dit, est-il surmené ?

Bien vu !

Prise de recul judicieuse en position méta*. Mais, comme souvent à ce stade, le coaché a « redéfini* » la demande du coach de préciser les objectifs. Le jeune coach (vraisemblablement de façon intuitive puisqu'il n'en parle pas) choisit de ne pas traiter la redéfinition* et, à ce stade de maturité professionnelle, c'est sage.

« Alain, j'entends bien ce que tu viens de me dire, peux-tu préciser ta pensée, qu'est-ce qui ne te satisfait pas ?

— *Il faut que je t'avoue qu'il m'est arrivé de pleurer. C'est mon niveau de vie qui me portait, j'ai eu peur de perdre mon boulot, j'avais pris trop de pouvoir. »*

Je perçois l'écart entre son fonctionnement d'avant, venant d'une PME, et les règles du nouveau groupe. J'adopte pour stratégie de coaching* de ne pas le confronter tout de suite sur son cadre de référence* qui me paraît très en décalage avec celui de son nouvel employeur. Nous convenons de consacrer le temps qui nous reste à la résolution d'un problème ponctuel apporté par lui. La suite et fin de la séance est consacrée à ce problème.

Attention !

Bonne intuition du jeune coach. Le plus important reste, à ce stade, de nouer le lien.

La deuxième séance (au bar de la gare de l'Est)

Nous sommes tous les deux à l'heure. C'est bruyant, il y a beaucoup de monde. J'ai eu une journée difficile, je suis tendu.

Alain aussi arrive chargé : « *J'ai eu une semaine très difficile, ce sont tous des machines, pas de sentiment, le business, rien que le business et des reportings d'enfer ! C'est pareil chez toi ?* » J'ai de la difficulté à entrer dans la séance, mais commence : « *Que souhaites-tu aborder aujourd'hui ?* »

Notre suggestion !

Renouer l'alliance* en échangeant sur la fatigue de la journée. Mais, vraisemblablement, le jeune coach craint de paraître faible. Dans l'idéal il devrait faire part à son coaché de ses tensions sous forme de métacommunication.

Il m'indique vouloir traiter en séance la préparation du dîner qu'il va avoir mardi en huit avec le directeur Europe qui s'appelle Paulo. Il ne le connaît pas mais n'a pas sur lui de bons échos. Je cherche comment arriver au contrat de séance* : « *Écoute, à tort ou à raison, j'ai le sentiment que ce lieu pour cette séance de coaching te perturbe. Qu'en penses-tu ?* »

Bien vu !

Le jeune coach émet une hypothèse et prend soin de vérifier.

Attention !

Le jeune coach rencontre ici le problème classique non seulement des « jeunes » mais de tous les coachs : ce qu'il ressent (la difficulté à démarrer) vient-il de lui (sa journée difficile) ou bien de son client ? Apprendre à distinguer l'un de l'autre est l'un des axes majeurs du professionnalisme.

Alain acquiesce. Nous décidons d'un commun accord d'arrêter la séance, je le sens soulagé… Je le suis d'autant plus ! Avant de nous quitter, il me déclare : « *Si mon espace vital se réduit, je ne sais plus quoi faire ! Je ne sers plus à rien car je suis un homme d'action. Depuis le rachat, on me demande de faire autre chose que ce que j'ai toujours fait jusqu'à présent.* » Je lui rétorque que l'on peut être à la fois manager et homme d'action, et nous nous séparons.

Notre hypothèse !

Compte tenu de la personnalité et de la problématique* du client, ces paroles de « dernière minute » ont vraisemblablement une grande signification. Il serait judicieux de proposer de démarrer la séance suivante sur ce point.

Après la séance, j'analyse. Pour moi, Alain semble un peu « brut de décoffrage », actuellement très anxieux, méfiant face à son nouvel environnement*, assez rigide avec ses convictions et ses croyances. Il a un grand besoin de reconnaissance et ne sait pas comment passer de son statut d'« homme de terrain en PME » à celui de cadre de haut niveau dans un groupe mondial. J'envisage de lui demander la prochaine fois ce qui se passerait si son intégration ne réussissait pas.

Bien vu !

Cela permettrait ainsi à Alain de mieux se protéger en adoptant une attitude de « gagnant* ».

Notre suggestion !

À la prochaine séance, préciser et boucler les objectifs du coaching, encore vagues à ce stade.

La troisième séance (bureau d'Alain)

Je demande à Alain : « *Comment ça va depuis la dernière fois ?*

— *J'ai croisé l'autre matin le directeur de l'agence de Lille, nous avons sympathisé en fumant une cigarette. Le soir même je suis allé le voir dans son bureau. Je lui ai dit que je serais partant pour rejoindre sa business unit et travailler avec lui. Il a paru un peu surpris et m'a répondu : "Pourquoi pas mais il y a une procédure à suivre."* »

Intérieurement je suis interloqué : selon mon cadre de référence*, mon coaché continue de se comporter comme s'il était dans une PME. Il y a danger ! Peut-être adopte-t-il cette stratégie* parce qu'il n'en connaît pas d'autres, ou encore de façon inconsciente cherche-t-il à se positionner en victime, à se faire sortir ?

Bien vu !

Bravo au jeune coach de repérer, à partir de sa propre expérience d'entreprise, le danger éventuel. Une piste pourrait être de demander à Alain s'il perçoit lui aussi ce danger, voire de l'y « confronter » s'il s'avère qu'il refuse de voir le danger. Ceci nécessiterait, bien sûr, que le jeune coach soit sûr de lui en ce qui concerne la réalité de ce danger.

Je reprends : « *Alain, nous en étions restés sur le fait de travailler aujourd'hui à préparer ton dîner de ce soir avec Paulo, ton directeur Europe. Cela te convient toujours ?*

— *Écoute, je préférerais voir comment je dois traiter les situations de stress et comment je dois prendre sur moi.* »

Notre hypothèse !

Nous observons ici un flottement dans la précision du contrat de séance*, qui peut être dû au fait que les objectifs du contrat de coaching n'ont toujours pas été partagés et formalisés entre le jeune coach et Alain. Nous supposons que le choix de ce dernier est un nouveau signe du fait qu'il se met en danger, car l'entretien avec Paulo s'annonce difficile et mériterait d'être préparé. Dans un tel cas, une intervention du coach pour le recentrer sur cet entretien, et ainsi le protéger, est nécessaire. Que se passera-t-il si le dîner se passe mal, comme Alain le pressent ?

Je saisis la piste de travail qu'Alain me propose :

« *Qu'est-ce qui ne te satisfait pas ?*

— *Lorsque je suis avec ma hiérarchie en conf-call*[1], *lors d'une revue d'objectifs, et lorsque je dois donner des informations sur une demande* * *immédiate, je tombe en stress important. Je suis pitoyable au téléphone, je peux même devenir agressif, et j'ai tendance à noircir la situation.*

— *Que te manque-t-il pour aller là où tu veux parvenir ?*

1. Conférence téléphonique.

— *Il me faut peut-être une méthode pour ne plus être dans ce genre de situations. Il faut que tu m'aides.*

— *Qu'est-ce que tu attends de moi ce soir ?* »

Bien vu !

Indépendamment de la question du dîner qui a été écartée (voir plus haut), bravo pour le déroulement du RPBD !

Notre suggestion !

Le jeune coach pourrait utiliser cette méthode pour définir un peu plus tard l'ensemble du contrat de coaching, au-delà du contrat de séance*.

Un silence pesant s'installe. Alain cherche, est un peu désorienté par cette question. Après un moment, je lui dis : « *Écoute, on peut faire de la façon suivante. Je te laisse décrire une situation de stress récente et on en parle, ou je te questionne sur le sujet. Que préfères-tu ?* »

Il choisit la première solution ; je le sens très tendu : « *Ce matin, j'ai été prévenu que Paulo allait m'appeler dans une heure pour une revue d'affaires inopinée. Bien entendu, je n'ai pas eu le temps de préparer. Cela m'a causé un stress énorme, d'autant qu'il m'a fait des critiques en me demandant un plan d'action plus étayé. Le pire a été lorsqu'il m'a demandé des explications sur certaines de mes petites lignes business que je ne connais pas bien. Je me suis senti pris au dépourvu : je me suis fermé comme une huître.* »

Je le questionne sur les différents moyens pour revivre cela dans de bien meilleures conditions. Alain me répond : « *Il faut…*

- *que je maîtrise beaucoup plus les choses ;*
- *que j'anticipe en permanence ce que le boss peut avoir envie de savoir ;*
- *que j'améliore mon fonctionnement, notamment en faisant un travail préparatoire en amont.* »

Je suis le premier surpris du déroulement de ce passage, il cherche de lui-même des solutions et en trouve. Il progresse !

Bien vu !

Bravo au jeune coach : Alain vient d'exprimer des pistes de progrès qui pourraient constituer une bonne partie des objectifs du coaching et nourrir les séances suivantes !

Le jeune coach en est tout surpris ! Un regard « méta » pourrait le conduire à en profiter pour questionner à nouveau Alain sur sa demande* et ainsi « boucler » des objectifs de coaching.

Attention !

La succession des « il faut » d'Alain, de même que l'expression « en permanence » pourraient mettre la puce à l'oreille du jeune coach (hypothèse de perfectionnisme).

L'heure de la fin de séance approche, je le sens détendu mais, tout compte fait, je reste sur ma faim. Nous terminons sur la façon dont il pense aborder le dîner de ce soir et il déclare : *« Je vais être cool mais pro. »*

Le lendemain, Alain m'appelle : *« Ça a été une boucherie ! Il m'a attaqué de partout alors qu'au dîner avec l'équipe, il avait été super sympa. Avec un mec comme cela, il ne faut pas répondre mais moi j'ai répondu. Tu me connais... ! Je n'en peux plus ! Il faut que l'on se voie rapidement.*

— *Comment tu te sens ?*

— *C'est dur, très dur. Il va falloir que j'y mette un peu moins d'amour-propre ! »*

Nous convenons de nous revoir très vite. Je suis personnellement assez ébranlé. Nous n'avions pas vraiment préparé ce dîner. Je me pose beaucoup de questions. N'y a-t-il pas des choses que je n'ai pas vues sur le plan professionnel, personnel ou psychologique ?

Notre hypothèse !

Le jeune coach n'a peut-être pas mesuré à sa juste valeur la façon dont Alain se met en danger : non-respect des process, comportements inadaptés ou d'échec...

La quatrième séance (par téléphone)

Une heure avant notre séance, Alain m'appelle : *« Help ! Ce matin, j'ai craqué nerveusement ! Je ne vais pas venir... »* Un silence lourd et pesant s'installe. Je sens parfaitement qu'il ne va pas bien. *« Cette foutue boîte ne me lâche pas. Le responsable Europe me fait des revues de business au téléphone tous les trois jours et ça ne se passe pas bien. Je suis sous l'eau, je n'ai plus les bons réflexes. Alors ce matin, j'ai d'ailleurs failli t'appeler à ce sujet, je suis allé voir Paul et lui ai dit : "C'est simple, on va s'arrêter, tu me licencies !" J'ai certainement fait une connerie mais je n'en peux plus. »*

Je suis abasourdi, tous mes sens sont en éveil. Je revois le film de nos séances, me demande ce qui n'a pas fonctionné... me dis que j'ai dû faire au global une intervention dommageable*. Est-ce moi qui n'ai rien vu, est-ce son entreprise, vit-il un harcèlement ? Je l'accueille dans l'expression de ses émotions, l'entends pleurer au téléphone. Cette situation est assez dure à vivre pour moi, mais j'enchaîne...

Bien vu !

Mais pourquoi ne pas insister sur la possibilité de se voir à la séance prévue une heure plus tard ? Ce serait plus facile de traiter le problème immédiat...

« Comment a réagi Paul ?

— *Très bien. Il me dit que je suis un bon manager, que je gère très bien mon équipe. Il a refusé ma démission et me demande de me mettre en maladie deux semaines. »*

Dans ma tête se bousculent plusieurs idées :

- Alain est épuisé nerveusement et physiquement ;
- son état émotionnel est tel qu'il ne peut plus reconnaître ses limites ;
- je n'ai pas assez creusé avec lui la perception par les autres de sa situation ;

- je n'ai pas travaillé sur l'estime de soi* d'Alain, qui est très entamée.

« Alain, je pense que ce que te propose Paul est une bonne chose. Tu as besoin de prendre un temps pour te ressourcer, un temps pour t'occuper de toi, de ta famille. Si je te dis que tu es probablement en sur-régime, qu'en penses-tu ?

— *Oui c'est vrai, tu as raison, et je le sais, mais je vais peut-être payer cher le fait de m'arrêter...*

— *S'il avait voulu te virer, il l'aurait déjà fait.*

— *C'est vrai ce que tu dis, d'autant que Paul a ajouté qu'il allait faire en sorte de me trouver un job sur Lyon.*

— *Tu vois, çà c'est intéressant, alors que comptes-tu faire ?*

— *Écoute, je vais peut-être prendre une semaine de congés et profiter des vacances scolaires de la Toussaint. »*

Je décide de prendre position en lui indiquant qu'une semaine me paraît un minimum. Nous nous quittons en convenant qu'il me rappelle en début de semaine pour me faire part de sa décision.

Conclusions du coach à cette étape du coaching

Ce cas de coaching est difficile ; ne l'est-il pas trop pour un premier coaching ? Je décide, compte tenu de la situation, de contacter mon superviseur pour échanger avec lui sur ce cas, sur la façon dont je le conduis. Je ne suis pas sûr d'avoir bien appréhendé l'épuisement physique et moral d'Alain, son état émotionnel et la façon dont il a dépassé ses limites. Je prends aussi conscience qu'il espère trouver en moi un sauveteur qui prendra les décisions et agira à sa place. Je n'ai commencé à avoir conscience de tout cela que lors de nos derniers échanges.

Attention !

Le recours à une supervision est opportun, car le cas est difficile et le jeune coach est très remué.

Notre analyse globale

Bravo au jeune coach, car il a effectivement eu un coaching difficile pour une première fois, dans la mesure où le coaché n'était pas vraiment volontaire au départ et où ses difficultés étaient plus graves que prévues. Il a un regard critique sur sa pratique et va de ce fait certainement progresser rapidement.

Son point fort : créer le lien avec le coaché.

Sa piste principale de progrès : oser plus souvent prendre la main pour protéger le coaché et, surtout, l'aider à se protéger lui-même.

Quelques autres pistes de progrès possibles :

- une fois le lien créé, préciser et formaliser les objectifs du contrat. Cela aurait permis au jeune coach non seulement d'avancer en terrain plus sûr en séance, mais aussi de se protéger lui-même lorsque le coaché s'est trouvé en situation difficile ;
- développer l'écoute de lui-même, accepter ses propres émotions pour mieux travailler avec celles de la personne coachée ;
- renforcer sa capacité à repérer ce qui se passe en se glissant dans le cadre de référence* de la personne coachée ;
- structurer davantage les séances face à ce type de personnalité ;
- confronter*, car l'agitation du coaché veut probablement signifier qu'il y a passivité de sa part.

Pascale : Valider les acquis

Le contexte du coaching

La « jeune coach » travaille dans une grande entreprise de services. En fin de carrière, elle s'est formée au coaching et a proposé ses services en interne.

Pour son premier coaching, le département « coaching interne » de l'entreprise lui propose d'accompagner Pascale, une assistante de la division technique. C'est Antoine, le chef de projet de Pascale, qui a souhaité un coaching dans le but d'améliorer le relationnel de Pascale, qualifié de difficile. Selon le règlement intérieur, un entretien tripartite doit avoir lieu pour engager le contrat de coaching.

Le récit de la jeune coach, l'entretien tripartite

Lorsque j'arrive dans le bureau d'Antoine, Pascale et lui sont installés de part et d'autre d'une table ronde. Je m'installe de telle sorte qu'ils soient tous deux dans mon champ de vision. Pascale est assise de biais. Elle affiche un sourire ironique plaqué et a les bras croisés sur la poitrine.

C'est moi qui lance l'entretien : *« Bonjour Antoine, peux-tu me dire quelles circonstances t'ont conduit à demander ce coaching ? »*

Bien vu !

La jeune coach se place de façon à relever non seulement ce qui est dit mais aussi le non-verbal… auquel elle est très attentive. De plus, elle prend en main le processus* tripartite, attitude que l'on retrouvera au moment du bilan.

Antoine me regarde et explique : *« Je constitue une équipe d'assistance à un réseau technique et souhaite y améliorer l'homogénéité et la solidarité. Chaque acteur doit y faire preuve de souplesse et de bonne volonté. Pascale, en tant qu'assistante de l'équipe, doit agir en permanence dans un esprit de coopération et de service. Pour ce poste, les qualités relationnelles sont indispensables. Lorsque je l'ai recrutée, son ancien manager m'a prévenu de son relationnel difficile. Elle avait des crises de colère qui pouvaient l'amener à être incorrecte avec son interlocuteur, quel qu'il soit. Par ailleurs, c'est une excellente professionnelle. Par solidarité interne, j'ai accepté de recruter Pascale, à condition qu'elle entame une démarche personnelle d'amélioration de la qualité de ses relations et elle a accepté. »*

Je note le sourire de Pascale. Il poursuit sans la regarder : *« De plus, j'ai constaté depuis son arrivée qu'elle ne donnait pas toujours les informations nécessaires à la bonne marche du service. Elle est repliée sur elle-même, souvent bougon. Je sais que Pascale a été déçue de ne pas avoir été choisie pour suivre son ancien patron et que cela a renforcé la dévalorisation de son image. Je suis sensible à cette détresse, mais je ne sens pas un vrai souhait de sa part de rebondir et de se remettre en question. Un coaching pourrait l'y aider. »*

Je me tourne vers Pascale : *« À ce stade, qu'avez-vous à exprimer sur ce qui vient d'être dit ? »*

Attention !

Dans un contexte aussi tendu, le jeune coach doit plus que jamais rester neutre. Le triangle dramatique* n'est pas loin, le hiérarchique se posant dans le rôle de Persécuteur et Pascale dans celui de Victime rebelle.

Pascale dit qu'elle est choquée par l'expression « ne donne pas les informations nécessaires pour la bonne marche du travail ». Elle poursuit : *« Je ne fais que réagir à l'attitude difficile de la personne avec qui je dois travailler. C'est elle qui ne m'a pas fourni les informations nécessaires à la compréhension globale de la mission du service. Elle s'est contentée de me les donner tâche après tâche comme à une débutante, m'obligeant à dépendre d'elle pour le moindre travail à faire. C'est insupportable ! En plus, je suis actuellement installée dans le bureau de cette personne sur une table annexe, cela ne facilite pas le démarrage. Quand j'aurai ma vraie place, la situation devrait s'améliorer.* » Elle a un rire amer : « *Quant à mon problème relationnel récurent, ça a toujours été comme ça.* »

Je la trouve franche, mais elle ne sait pas mettre les mots. J'imagine qu'elle peut devenir violente verbalement et perdre la notion de politesse en cas de colère.

Pascale conclut : « *Je ne veux surtout pas dévoiler ma vie privée. Lorsque je sens qu'on me cherche sur ce terrain, je me ferme comme une huître et préfère mentir plutôt que de parler de moi.* »

Attention !

Premièrement, dans cette séquence, la jeune coach montre un de ses atouts : l'observation de l'autre. Mais elle ne parle pas de son état intérieur. Dommage. Ce qu'elle ressent serait un matériau fort intéressant pour le diagnostic et la stratégie* d'intervention.

Ensuite, la jeune coach se trouve dans l'une des situations de coaching les plus difficiles : le hiérarchique et la coachée ne sont pas d'accord sur le diagnostic. Pour l'instant, elle s'en sort très bien car elle maîtrise l'essentiel : le processus* de parole entre les deux protagonistes.

Le fait qu'il s'agisse d'un coaching interne pourrait faire croire que c'est encore plus difficile, mais la coach interne a un atout : sa connaissance de l'entreprise de l'intérieur, lui permettant de mieux évaluer le contexte et les personnes.

Je me tourne vers le chef : « *Antoine, qu'attends-tu de ce coaching ?* » Il répond qu'il voudrait moins de manichéisme de la part de Pascale. Il la trouve en permanence ouverte ou fermée, en acceptation ou en refus, indépendamment des interlocuteurs et de la situation. Il souhaite plus d'ajustement aux autres, qu'elle accepte les autres tels qu'ils sont.

Je regarde Pascale du coin de l'œil : pas de réaction apparente. Elle s'est mise en avant sur son siège et s'appuie sur la table.

Notre suggestion !

D'abord redemander son avis à Pascale sur ce qui vient d'être dit, comme cela a été fait pour la première partie de l'entrevue. En tripartite, ce qui est dit par l'une des parties doit être validé par l'autre. Ensuite, faire préciser au moins quelques critères concrets d'un changement (avec qui et en quelles circonstances). Entrer dans le détail de ces critères est cependant illusoire, compte tenu de la mauvaise relation entre le hiérarchique et la coachée.

J'interviens : « *Comme il s'agit d'une demande* portant sur un changement de comportement, nous aurons besoin d'un regard extérieur témoin de ces changements. Je vous propose un bilan intermédiaire* à trois pour faire le point sur les constats au quotidien.* » Antoine propose alors que ce regard extérieur soit exercé par le manager de proximité de Pascale qui doit être nommé prochainement. Pascale acquiesce spontanément.

Attention !

L'idée d'un bilan intermédiaire* semble judicieuse. De plus, comme la relation entre le hiérarchique et la coachée est mauvaise, le choix d'un évaluateur externe sauve la situation, pour l'instant. Le risque est cependant qu'il intervienne en rôle de Sauveteur de la situation dans l'affrontement entre Antoine et Pascale.

Cela complique en outre le contrat tripartite* qui devient, de fait… quadripartite, sans que le nom de l'interlocuteur responsable* ait été précisé. Qui la jeune coach ira-t-elle voir en cas de difficulté de coaching, voire d'arrêt ? Le hiérarchique ou le manager de proximité ?

Notre suggestion !

Veiller à ne pas entrer dans le triangle dramatique* et, pour cela, mieux préciser le cadre de la mission de coaching, les éléments du contrat (notamment la façon de tenir le bilan) et ses propres limites.

Pascale est toujours sur la défensive mais je sens plus de peine que de défi dans l'attitude : c'est en elle qu'elle ne croit pas.

Attention aux diagnostics hâtifs !

Je m'adresse à Pascale et lui demande si, sur ces bases, elle est prête à s'engager dans la démarche. Elle est d'accord… *mais* demandera l'arrêt si ça n'avance pas ou « si ça lui prend la tête ». Je propose donc de la voir pour un premier entretien, à l'issue duquel je pourrai établir un contrat tripartite*, conformément à la procédure habituelle.

Notre suggestion !

Valider la proposition de la coachée et ses limites auprès du hiérarchique.

Le premier entretien

Mon objectif est uniquement, pour ce premier entretien, d'installer la relation dans la confiance et de vérifier la demande* de Pascale. Pour cela, je vais lui faire raconter son histoire professionnelle et l'écouter activement. Je n'ai pas plus d'ambition pour aujourd'hui, je sens que la confiance sera mon principal atout pour la suite, et nous avons le temps.

Bien vu !

Rien ne sera possible sans que le lien soit établi entre coach et coachée. Cela permettra ensuite : 1. de définir des pistes de travail ; 2. que ces pistes soient simples ; 3. de se faire un allié du temps (pas à pas).

Je suis stressée comme le jour d'un oral. Je n'ai malheureusement pas eu beaucoup de temps pour me concentrer mais, le long des couloirs, je prends quatre à cinq respirations profondes. Je dois paraître plus calme. Le fait d'avoir fixé un objectif de séance uniquement sur l'établissement de la relation me rassure, c'est plutôt là que je suis bonne !

Bien vu !

Bravo pour la volonté de la jeune coach de se centrer, mais elle gagnerait à trouver en elle un calme effectif, plutôt que vouloir « paraître calme ».

Nous avons réservé une salle et Pascale s'est installée de l'autre côté de la table, bien en arrière sur son siège, les bras posés sur les accoudoirs. Elle a pris de quoi écrire. Je lui demande de me raconter les circonstances qui l'ont conduite à son poste actuel. Longuement, elle raconte l'échec qu'elle a subi lorsque son patron lui a annoncé qu'il ne souhaitait pas qu'elle le suive dans son nouveau poste en évoquant ses qualités relationnelles difficiles. Il nous faut du temps pour qu'elle parvienne à exprimer les émotions ressenties alors : vexée et trahie.

Dans notre entretien, elle est franche et n'épargne personne dans ses commentaires. Néanmoins, je m'aperçois qu'elle n'exprime jamais ses émotions. Pourtant, je sens son corps réagir, se raidir ou se détendre en fonction des situations évoquées. Je constate également une respiration souvent bloquée au-dessus du diaphragme lorsqu'elle évoque des souvenirs pénibles.

Je lui fais part de ce constat. Elle me dit avoir appris *« de tout temps »* à agir sans exprimer ses états d'âme, car cela ne sert à rien. Lorsque nous évoquons les crises de colère, elle parle d'un effet *« cocotte-minute pleine »* et de *« soupape qui lâche »*, sans qu'elle ne puisse plus rien contrôler. Ensuite, elle regrette, elle court se cacher pour pleurer, mais c'est trop tard. Le mal est fait, et très souvent c'est la rupture sans retour avec la personne qui a provoqué la colère. De plus, elle ne dort plus pendant plusieurs nuits, s'isole pour pleurer pour que son mari ne s'en aperçoive pas. Le lendemain, elle se lève fatiguée et irritable, c'est un cercle sans fin.

Bien vu !

La qualité d'observation et d'écoute de la jeune coach est impressionnante. Cela lui permet d'établir une bonne relation avec Pascale. En revanche, la distorsion que relève la jeune coach entre l'expression verbale et non verbale des émotions de Pascale suggère que cette dernière méconnaît* un élément essentiel de la réalité, et offre donc une piste de travail pour la suite.

Pascale me dit qu'elle se sent presque toujours sur la défensive, qu'elle à besoin d'une coquille, d'un masque (ce sont ses propres mots !) pour affronter les autres. Enfin, à ma demande :

« *Qu'attendez-vous de moi dans cet accompagnement* », elle répond d'une voix plus fragile, en me regardant dans les yeux : « *Je suis timide, sur la défensive. Je n'aime pas le monde, je me sens jugée, je suis mal dans ma coquille. Je ne veux plus qu'on dise "Pascale la gueularde".* »

Voilà enfin la demande*, ou tout au moins un début. Cela fait deux heures que nous sommes ensemble. Je la sens fatiguée (et, bien sûr, moi aussi...). Je lui dis qu'à cet instant, j'ai décidé de l'accompagner, car je sens une demande, une motivation, une vraie envie de s'engager. Elle me le confirme, me dit ne pas avoir parlé comme cela depuis longtemps et que cela lui a fait du bien.

Attention !

Deux points importants sont à relever dans cette séquence : 1. il n'existe pas une vraie demande, la jeune coach confondant la situation problématique* et la demande ; 2. l'alliance* entre la jeune coach et Pascale est conclue, grâce à la prise de position de la jeune coach (« *j'ai décidé de vous accompagner* »).

De plus, malgré ce début prometteur, il n'y a pas encore de contrat relationnel*.

En faisant le bilan de ce premier entretien, je m'aperçois que tout à la joie d'avoir enfin une vraie demande*, j'ai laissé Pascale exprimer négativement son objectif. Tant pis, la prochaine fois nous reprendrons à partir de là.

Je suis fatiguée. Ai-je trop travaillé durant cette séance ? Non, en fait, j'étais tendue et en vigilance permanente pour ne pas perdre le contact et pour entrer dans son monde assez fermé, fait de crainte des autres et de leurs jugements.

Notre hypothèse !

Un processus parallèle* a vraisemblablement eu lieu : la crainte des autres, le jugement, la tension sont des freins de Pascale. La jeune coach est envahie par la même tension et la crainte du jugement de mal faire.

J'ai les éléments d'un premier diagnostic : la problématique* de Pascale relève de la thérapie car elle a pour le moins une personnalité difficile. L'absence d'expression des émotions remonte visiblement fort loin (je le vérifierai par la suite). Elle m'a dit avoir des troubles du sommeil et ne pas gérer ses impulsions sous stress. Un coaching ne pourra pas régler cela ! Je me fixe l'objectif plus raisonnable de lui apprendre à repérer la montée en pression de la cocotte et de ne plus attendre le point de non-retour. Par ailleurs, je voudrais pouvoir lui réapprendre (lui apprendre ?) à reconnaître ses besoins* et ses émotions. Elle devrait ainsi vivre mieux et exploser moins souvent. Ceci me paraît relever du coaching.

Notre hypothèse !

> Devant des cas difficiles, les jeunes coachs ont tendance à penser que les coachés ont en fait besoin d'une thérapie. C'est parfois vrai, mais cela n'empêche pas, par ailleurs, un coaching d'être utile, comme le dit très bien la jeune coach. L'essentiel est de fixer les objectifs et les limites du travail. En ce sens, la jeune coach va trop loin en visant un travail sur les émotions. Attention au sauvetage* !

Le deuxième entretien

Aujourd'hui, je souhaite faire travailler Pascale sur les moments et situations où elle se sent bien, lui faire exprimer des émotions positives. J'en profiterai au passage pour vérifier que la confiance entre nous est bien installée.

Attention !

> Là encore les pistes de travail sont définies par la jeune coach avant la séance. Bravo pour disposer d'une stratégie de coaching* de séance, mais attention à ne pas sortir du rôle de coach.

Notre suggestion !

> Valider ces pistes auprès de Pascale.

Après avoir repris contact, Pascale dit qu'elle se sent stressée. Elle a définitivement rompu les ponts avec sa collègue pour laquelle elle est censée travailler. Elle dit la haïr, et son sentiment semble être à la hauteur du mot employé tant ses traits sont durs quand elle l'évoque. Elle me dit aussi qu'elle est contente d'être là.

Je lui remets le « contrat » officiel. Elle le parcourt rapidement, en accepte les termes et nous le signons ensemble en trois exemplaires.

Nous revenons sur la demande* exprimée lors de la dernière séance. Après reformulation, celle-ci devient : « *Je souhaite mieux percevoir les situations qui provoquent une émotion et les gérer au fur et à mesure sans attendre l'accumulation explosive.* »

Notre hypothèse !

Cette évocation de début de séance permet de clarifier la situation souhaitée*.

Notre suggestion !

Vérifier la « demande* » vis-à-vis de la personne coachée.

Je lui propose, dans cette séance, d'évoquer les situations où elle se sent bien. La consigne que je lui donne est d'accompagner le récit par l'expression des émotions qu'elle a ressenties pendant ces situations. Elle est d'accord avec l'exercice.

Bien vu !

Voilà un bon contrat de séance*, en lien avec les pistes de travail et validé par Pascale.

D'abord, je lui donne une liste d'émotions positives et négatives en lui disant qu'aujourd'hui, nous allons plutôt utiliser les émotions positives. Elle parcourt la liste et réagit en disant : « *Il y a des mots trop forts, ils ne sont pas pour moi.* » Je lui demande un exemple. Elle me répond : « *Émerveillée, c'est trop, je n'ai jamais ressenti cela.* »

Je lui propose de me décrire ce qui rend une situation professionnelle agréable et confortable. Les termes le plus souvent cités sont nouveauté, utilité et confiance. Je lui demande comment elle se sent dans son corps quand elle est bien. Elle me répond que c'est surtout après la gym, quand elle s'est donnée à fond, les tensions sont parties, la tête est vide, la petite voix se tait.

C'est la première fois que cette petite voix est évoquée. J'y reviendrai ensuite souvent, en lui demandant ce qu'elle est en train de lui dire. Elle n'est évidemment pas très positive. Elle passe son temps à la mettre en garde contre les autres ou à lui dire qu'elle aurait mieux fait de se taire et qu'il ne faut rien laisser paraître. Tout un programme bien ancré.

Bien vu !

Tout au long de cette séquence, la relation est fluide. La jeune coach est dans sa puissance*, ne force pas. Pascale se sent en sécurité.

Attention !

Le travail sur l'origine des « petites voix » serait évidemment thérapeutique. Mais la découverte qu'il existe d'autres « petites voix » possibles, plus gratifiantes et efficaces, peut relever du coaching.

Je lui demande quelles sont les autres situations où elle se sent bien et… oublie de repréciser « professionnelles ». Et la voilà qui évoque des situations de sa vie personnelle, son mari, ses soirées avec des amis, ses hobbies. Les évocations sont vivantes et agréables, nous rions souvent. Je laisse se tarir le flux de ses évocations.

Bien vu !

Lorsqu'un coaché évoque sa vie personnelle, on l'écoute. Mais on ne le suit pas sur ce terrain, puisque le coaching consiste à traiter seulement les situations professionnelles.

Un silence s'installe. Elle a toujours la liste des émotions sous les yeux. D'un seul coup, elle me regarde et me dit : *« Si, j'ai été émerveillée une fois dans ma vie !*

— *Vous voulez bien m'en parler ? »*

Elle me raconte une excursion dans les montagnes du Colorado. Je n'interviens durant son récit que pour l'aider à évoquer la scène avec les cinq sens. Elle vit pleinement son récit. Je la sens se relâcher. Elle est transformée. Son corps se met à vivre, ses yeux brillent. Pour la première fois, je remarque qu'elle a de magnifiques grands yeux bleu clair qui peuvent exprimer de la joie.

Je lui demande de me dire comment elle se sent dans son corps : *« Détendue. »* Elle se sent nettement mieux qu'en arrivant. Je la félicite pour le travail qu'elle a effectué durant cette séance et lui fais remarquer qu'elle m'a raconté des tas de choses de sa vie personnelle.

Elle me répond, qu'en effet, pour quelqu'un qui avait décidé de ne rien en dire, elle a beaucoup parlé de sa vie privée. Elle ajoute, dans un sourire, qu'elle a confiance en moi, qu'elle ne se sent pas gênée de me raconter tout cela et qu'elle y a même pris du plaisir.

Je l'en remercie chaleureusement et lui dis que c'est de bon augure pour la suite de son travail, même si nous nous attachons à rester sur les situations professionnelles, bien sûr.

Bien vu !

Dans cette séquence fluide, c'est Pascale, la coachée, qui « travaille ». La jeune coach, à coup de questions simples, relance ce travail qui se déroule dans une relation confiante et envoie des signes de reconnaissance*.

Intérieurement j'ai envie de crier *Youpi*. Peut-être aurai-je dû, car j'aurai alors laissé exploser une réelle émotion. Mais j'ai transmis cela par le regard, le sourire et la chaleureuse poignée de main que nous avons échangée en nous quittant.

Notre hypothèse !

La jeune coach mentionne encore une fois ici sa difficulté à exprimer ses émotions. Sans doute veut-elle garder la position haute* sans montrer qu'elle est elle aussi envahie par l'émotion.

Je lui donne des exercices à faire pour la séance suivante : ouvrir un cahier et y noter, au fil de l'eau, sous forme de tableau : dans la première colonne, toutes les situations suscitant de l'agacement ou du plaisir ; dans la deuxième, l'émotion ressentie en face de chaque situation ; enfin, dans la troisième, le comportement qu'elle a adopté ou ce qu'elle a dit.

Le but que je poursuis avec cet exercice est qu'elle commence à repérer les situations qui font monter la pression et qu'elle poursuive le repérage et l'énonciation de ses émotions.

Notre suggestion !

C'est bien de proposer un exercice. Cependant, le choix devrait se porter aussi sur des actions concrètes au travail.

La suite du coaching

Le troisième entretien a été marqué par un état de tension important de Pascale dû à la relation à son manager. Nous avons travaillé sur les moyens de diminuer la pression à travers un exercice de relaxation. Les entretiens suivants ont été sereins, grâce notamment au bon kit de survie* que j'avais instauré.

Au final, Pascale a gagné en autonomie*, et le bilan intermédiaire* avec son manager de proximité a mis en évidence une amélioration significative de son relationnel. Il reste néanmoins quelques réactions impulsives. Sa façon de parler et ses écrits manquent encore de souplesse.

En conclusion, bien que le coaching ait permis une adaptation de Pascale à son nouvel état, je pense qu'un changement plus profond relèverait d'une psychothérapie.

Notre analyse globale

Les enseignements essentiels de ce coaching sont :

- les informations verbales et non verbales sont à rechercher, quel que soit le stade du coaching ;
- le « contrat triangulaire » requiert la neutralité du coach, sinon il y a risque de triangle dramatique* ;
- cette neutralité passe par la validation systématique de ce que formule chacune des trois parties ;
- si la demande* de la personne coachée reste fondamentale, elle n'est pas toujours nécessaire à l'établissement d'un contrat de séance*.

Éléments de progression :

- nous regrettons que la jeune coach ne soit pas assez attentive à sa zone 1* ;
- de plus, il est possible que l'action de la jeune coach ait été gênée par un processus parallèle* sur l'expression des émotions. La piste de progrès professionnel pour la jeune coach est, encore et toujours, d'utiliser la méta-communication*. Ici, cela aurait consisté à s'appuyer sur ses propres émotions pour permettre à Pascale de prendre conscience qu'exprimer ses émotions est non seulement normal, mais efficace.

Appréciation globale :

- les qualités de la jeune coach dans ce coaching sont la ténacité, le sens de l'écoute et l'observation ;
- le kit de survie* a été particulièrement bien engagé. La position au départ n'était pas simple : Pascale vit ce coaching comme une contrainte, voire une punition ;
- la jeune coach a fait preuve d'une puissance* singulière pour la mettre en confiance et la faire travailler ;
- Sa ténacité est remarquable. La jeune coach est présente sur tous les fronts et s'implique fortement. Elle reste tout le long du coaching maîtresse du processus* et sait accompagner sa coachée en intelligence de situation*.

Annexes

1. Les écueils en premier coaching
2. Les fiches concepts
3. L'évaluation d'une séance de coaching

Annexe 1. Les écueils en premier coaching

Les cas de premier coaching relatés dans ce livre, ainsi que plusieurs années d'expérience en tant qu'enseignants, nous ont montré que certaines difficultés des jeunes coachs revenaient de façon récurrente lorsqu'ils effectuent leur premier coaching.

Les deux principaux écueils récurrents

1. Le premier problème majeur d'un (d'une) jeune coach(e) est la tendance à oublier sa propre personne, c'est-à-dire ce qui se passe en lui (en elle), en séance, et qui est le principal « matériau » du travail de coach, ou dont il (elle) ne tire pas profit pour aider le client. **Voir le cas « Luc ».**
   Dans le même ordre d'idée, les jeunes coachs ne prennent pas assez en compte les éléments contre-transférentiels* :
   – l'impact qu'a la problématique* du client sur leur propre personne, ce à quoi cela les renvoie dans leur propre histoire ;
   – l'impact, parfois, de la personnalité même du client (à qui il leur « fait penser »).

   Ces éléments peuvent notablement influencer leur façon de mener le coaching.

2. La seconde difficulté du jeune coach est d'oublier – ou de ne pas oser – métacommuniquer*. C'est un incontournable du métier. **Voir le cas « Heather »**.

Les écueils courants

1. L'analyse de la demande* pour l'ensemble du coaching est rarement oubliée par les jeunes coachs, mais le contrat de séance* l'est assez souvent. À l'inverse, certains coachs ont tellement peur de ne pas parvenir à un contrat de séance qu'ils en proposent un trop vite ! **Voir le cas « Oui-Oui »**.
2. Chaque jeune coach a tendance à se réfugier dans une attitude préférée en cas de difficulté au cours de la séance. Certains se mettent uniquement à écouter et négligent la progression vers l'objectif. D'autres se lancent dans l'explication d'un concept. Certains ont recours à des procédures structurées. D'autres voient tout par la lunette de leur approche psychologique préférée. D'autres, encore, se mettent à donner des conseils ou proposer des solutions. **Voir le cas « Georges »**.
   Un jeune coach qui se lance doit connaître ses réactions instinctives en situation de stress. Les mises en situation lors de la formation professionnelle, ainsi que le travail thérapeutique* sont là pour l'y aider.
3. Les jeunes coachs n'osent pas fréquemment aller à la droite du curseur* (cran 4*) et voir par exemple en quoi la culture de l'entreprise où travaille la personne coachée influence le problème pour lequel il vient en coaching.
4. Ils (elles) ne pensent pas toujours à donner des protections*. Attention, cela peut conduire à des « dommages* » ! **Voir le cas « Alain »**.
5. Ils (elles) ont souvent des difficultés à établir le contrat triangulaire dans le cas d'enjeux secrets*. **Voir le cas « Hector »**.

6. Beaucoup de jeunes coachs ont du mal à confronter*. **Voir le cas « Fred ».**
7. Ils (elles) sont évidemment, comme tout professionnel de la relation d'aide, tentés par le sauvetage*. **Voir le cas « Patrick ».**

Les écueils occasionnels

1. Certains jeunes coachs donnent trop vite des signes de reconnaissance* à la personne coachée, pour s'en faire une alliée.
2. Ils (elles) peuvent se faire « balader » par une personne coachée qui a un problème de position haute* et perdre alors la maîtrise du processus de séance.
3. Suivant leur personnalité, de jeunes coachs peuvent se trouver désarçonnés par l'apparition d'émotions imprévisibles. **Voir le cas « Patrick ».**

Un témoignage de jeune coach

« Je me suis rendu compte, avec l'expérience, que nous avons tous les éléments nécessaires à un diagnostic solide très tôt dans le processus, parfois dès le premier coup de fil, à la première séance, ou aux deux premières. Je crois me souvenir que cela nous avait été dit durant la formation.

Le jeune coach accumule en fait beaucoup de matériaux au cours des premières séances, et cela lui permet de nourrir facilement l'établissement de son diagnostic. Il ne se rend pas compte qu'il dispose de l'essentiel très tôt, et perd du coup du temps pour mettre en place une stratégie de travail avec le coaché. »*

Annexe 2.
Les fiches concepts

Cette liste de « fiches » a un goût d'inachevé. Elle se contente d'expliciter sous forme résumée les principaux concepts mentionnés par les jeunes coachs lorsqu'ils racontent leur histoire, et insiste sur ceux qui sont peu développés dans la littérature de coaching. Aller plus loin aurait exigé l'élaboration d'un véritable « dictionnaire technique du coaching » qui aurait dépassé le cadre de cet ouvrage.

Du point de vue des « outils, méthodes et procédures » utilisés en coaching, les attitudes des jeunes coachs sont assez différentes selon les personnalités.

Certains n'aiment pas ! Ce sont d'abord les personnalités intuitives qui préfèrent agir au fur et à mesure de la séance de coaching, en fonction de ce qu'elles « sentent », de ce qui se passe (le processus), de ce qu'elles observent de l'état du coaché, etc. Cette attitude professionnelle serait idéale puisqu'elle autorise le coach à déployer son génie, sa créativité, son intuition. Idéale si… les déficiences dites « techniques » ne rattrapaient pas les jeunes coachs en cours de route, de façon parfois douloureuse : diagnostic hâtif, contrat absent ou bâclé, manque d'information sur le réel conduisant à surestimer telle ou telle partie du discours de la personne coachée, coup de « position haute* » de celle-ci, etc. Tous ces éléments peuvent donc conduire certains jeunes coachs à trop se fier à leur seule intuition.

Ce sont aussi de jeunes coachs qui sont effrayés par l'ampleur des aspects théorico-pratiques du métier. Quoi ! Il faut savoir « tout ça » ! Au fur et à mesure de leur formation de coach, ils découvrent qu'il faut à la fois dérouler l'analyse de la demande* et explorer les zones d'intervention*, tout en ayant l'œil sur le processus parallèle* et, surtout, en maintenant en bonne santé le kit de survie*... Horreur ! Semblables à ces jeunes conducteurs qui paniquent parce qu'il faut tout faire en même temps – le clignotant, la signalisation, les changements de vitesse, le rétroviseur, etc. –, ils renâclent à apprendre et utiliser les nécessaires savoirs et savoir-faire du métier. Cette attitude se poursuit parfois très longtemps après la formation, avec le risque d'effectuer des coachings médiocres.

Il est vrai que, dans ce métier très exigeant, il faut aussi « savoir » et surtout « savoir-faire à partir du savoir » ! Nous sommes parfois consternés, dans cette nouvelle profession, de constater que certains coachs ne savent pas ce qu'est un processus parallèle*, ignorent les quatre conditions du sauvetage* ou la métacommunication*, pour ne citer que quelques exemples.

Certains adorent ! Ils adorent les outils, techniques et procédures parce qu'ils ont besoin, pour mener une séance, de structure et de repères. Alors, vive l'analyse de la demande* et les zones d'intervention* ! Vivent le MBTI, la *Process Communication* ou les niveaux logiques de Dilts ! Ce sont là des repères bien commodes auxquels ils peuvent se raccrocher parce qu'ils sont effrayés de ne pas savoir comment remplir le temps d'une séance, ou ce qu'il faut faire si la personne coachée garde le silence ou ne parvient pas bien à formuler de demande*. Pourquoi leur jeter la pierre ? Lorsque l'on démarre le métier, se « raccrocher » aux méthodes est très humain. Cela a l'avantage annexe d'apprendre à bien les utiliser, un peu comme un jeune pianiste qui fait ses gammes.

Ce serait donc une excellente attitude si elle ne cachait pas, pour certaines personnalités, un manque de confiance en soi ou un recours exclusif au mental. Si elle ne trahissait pas pour certains autres leur difficulté à atteindre en profondeur la nécessaire conscience de soi-même, de la personne coachée et du processus de coaching, sans laquelle mener correctement une séance est illusoire.

Un jeune coach débute son premier coaching en oscillant, suivant sa personnalité, entre ces deux extrêmes. Il lui appartient, au début du métier, d'utiliser à la fois son intuition et les quelques méthodes incontournables sans lesquelles, tôt ou tard, il mettra en danger la personne coachée, voire lui-même. Bien plus tard, lorsqu'il aura de nombreuses « heures de vol » à son actif, il utilisera quand il le faudra les outils, techniques et procédures. Il ne les méprisera pas (oh, malheur à celui qui pense pouvoir s'affranchir du b.a.-ba du métier !), mais saura s'en affranchir. Et, humblement, il continuera à apprendre.

Note. Nous attirons l'attention du lecteur sur deux rubriques qui apparaissent dans certaines fiches :

- « Évaluation de séance » : ce sont une ou plusieurs questions que le coach peut se poser à l'issue d'une séance sur l'utilisation pratique de tel ou tel concept. Elle vient en complément de l'annexe 3 (évaluation de séance) ;
- « Santé du coach » : ce sont des éléments qui permettent au coach d'évaluer la « qualité d'être » de sa propre personne. Dans de très nombreux cas, le coach (en particulier le jeune coach) ne peut progresser en ce domaine qu'en effectuant un « travail thérapeutique* ».

Le lecteur trouvera dans la bibliographie les références des ouvrages mentionnés en « indication de lecture ».

Alliance

Description du concept

L'alliance est une volonté commune et confiante du coach et de la personne coachée de progresser ensemble dans le temps malgré les aléas. Elle se fonde sur le contrat de coaching mais va au-delà puisqu'elle permet d'ajuster le contrat si nécessaire.

Usage et précautions d'emploi

Il est impensable d'effectuer un coaching correct sans avoir un minimum d'alliance entre coach et personne coachée. Pour l'établir, les maîtres mots sont « respecter et se faire respecter » : respect des personnes, des volontés, des contrats.

Santé du coach

Quel est mon niveau personnel de souplesse ou de rigidité vis-à-vis de l'application d'un contrat ?

Origine du concept

Vincent Lenhardt pour l'utilisation en coaching (Responsable Porteurs de Sens).

Analyse de la demande (RPBD)

Description du concept

L'analyse de la demande est un processus de questionnement qui permet d'identifier le problème de la personne coachée et de préparer l'établissement d'un contrat de coaching.

Le sigle « RPBD » recouvre une méthode de questionnement permettant de procéder à l'analyse de la demande. Il consiste, pour le coach, à obtenir des informations sur R (la réalité de la personne coachée et de son contexte), à explorer la nature de P (son « problème », c'est-à-dire la situation souhaitée par la personne coachée), à identifier B (ses « besoins* », c'est-à-dire ce qui lui manque pour résoudre son problème) et, enfin, à clarifier D (sa demande : *« Qu'attendez-vous de moi, votre coach ? »*).

Usage et précautions d'emploi

L'analyse de la demande peut être effectuée pour l'ensemble du coaching afin d'aboutir à un contrat de coaching. Elle peut être aussi faite pour une séance spécifique afin d'aboutir à un contrat de séance*, voire plusieurs fois en une séance pour aboutir à des contrats partiels. Elle est fondamentale dans l'exercice du métier de coach dans la mesure où elle mène au contrat sans lequel le coach : 1. ne respecte pas la personne coachée ; 2. court le risque de commencer le travail dans un processus de sauvetage*, classique en relation d'aide.

Lorsqu'une séance se déroule difficilement, il peut être aidant de reprendre une nouvelle analyse de la demande.

Évaluation de séance

Ai-je effectué l'analyse de la demande ? Quel est l'objectif qu'a indiqué la personne coachée ? La manière dont la personne coachée a répondu à l'analyse de la demande me permet-elle de porter un diagnostic sur sa personnalité et sur son problème ? Me suis-je laissé obnubiler par la procédure d'analyse de la demande au point d'en oublier le kit de survie ?*

Origine du concept

Vincent Lenhardt.

Indication de lecture

Chapitre 8 du *Métier de coach* (François Delivré) et partie II/ chapitre 3 des *Responsables porteurs de sens* (Vincent Lenhardt).

Autonomie

Description du concept

Le coaching est avant tout *« l'art d'aider une personne à trouver ses propres solutions »*. Il vise donc à accroître l'autonomie de la personne coachée.

L'autonomie est un processus de croissance qui se développe par rapport à une figure d'autorité, qu'elle soit intellectuelle, hiérarchique, charismatique, de compétence... La personne y progresse en quatre étapes successives :

- **la « dépendance »** : la personne attend de la figure d'autorité qu'elle lui fournisse ce dont elle a besoin. En coaching, le client projette sur son coach une image positive ;
- **la « contre-dépendance »** : la personne, déçue par la figure d'autorité, s'y oppose et manifeste plus ou moins fortement cette opposition. En coaching, la projection* devient négative, c'est une étape importante de construction d'identité ;
- **l'« indépendance »** : la personne abandonne l'idée que son développement passe par le recours à la figure d'autorité. Elle construit elle-même sa manière de voir et de faire et ne garde dans la relation à la figure d'autorité que l'indispensable. Vis-à-vis du coach, le client comprend qu'il doit et peut trouver par lui-même la réponse à son problème ;
- **l'« interdépendance »** : la personne retrouve le lien avec la figure d'autorité, la voit telle qu'elle est et accepte les contraintes d'une dépendance mutuelle. En séance, le client et son coach « co-opèrent ».

Usage et précautions d'emploi

Chaque étape du cycle a son importance et il n'y en a pas une meilleure que les autres. L'autonomie est un processus dynamique dans lequel des retours en arrière sont possibles. Plusieurs cycles d'autonomie peuvent avoir lieu en coaching : dans la relation entre le coach et la personne coachée, entre l'entreprise et la personne coachée et, plus généralement, entre le client et toute figure d'autorité qui l'encombre dans sa progression.

Le coach peut inviter le client à avancer sur le chemin de l'autonomie :

- en donnant de l'information et de la protection* au client dépendant, en l'invitant aussi à exprimer ses désaccords ;
- en poursuivant l'information et la protection vis-à-vis du contre-dépendant, tout en l'invitant à trouver ses propres solutions ;
- en acceptant que le client indépendant prenne une distance psychologique à son égard ;
- en acceptant de débattre et partager avec le client interdépendant.

Évaluation de séance

La personne coachée a-t-elle montré à mon égard des signes évidents permettant de diagnostiquer chez elle une étape d'autonomie ?

Santé du coach

Le coach doit être conscient de ses propres niveaux d'autonomie par rapport aux diverses figures d'autorité, ainsi que de ses difficultés face à un client à qui il reconnaît un certain type d'autorité.

Origine du concept

Origine : Nola-Katherine Symor (Analyse Transactionnelle).

Indication de lecture

Article de Nola-K. Symor dans le volume 3 des *Classiques de l'AT*, chapitre 4 du *Pouvoir de négocier* (François Delivré) et partie II/ chapitre 3 des *Responsables porteurs de sens* (Vincent Lenhardt).

Baguette magique

Description du concept

L'enjeu d'un client en coaching est de résoudre son « problème », c'est-à-dire de combler l'écart entre une situation existante jugée insatisfaisante et une situation souhaitée jugée plus satisfaisante.

La « baguette magique » est une métaphore ludique utilisée pour aider la personne coachée à formuler la situation souhaitée. Le coach mentionne une « baguette magique » et lui dit : *« Imaginons : nous sommes à la fin de la séance (ou du coaching) et vous êtes satisfait. Comment décrivez-vous la situation ? »*

Usage et précautions d'emploi

La métaphore de la baguette magique trouve sa pertinence lorsque la personne coachée a du mal à formuler son problème. Toutefois, certains coachés sont plus à l'aise avec d'autres approches, par exemple dessiner la situation souhaitée. C'est au coach de discerner ce qui est le plus approprié.

La baguette magique est utilisée en début de coaching au cours de l'analyse de la demande*, à l'étape du « problème* ». Elle peut être aussi utilisée en cours de coaching pour permettre au coaché de traiter un nouveau problème.

Évaluation de séance

Ai-je pris le temps d'aider la personne coachée à formuler son problème ?

Santé du coach

Ai-je dans la vie une attitude profonde de « gagnant » en visualisant mes « situations souhaitées » ?*

Origine du concept

François Delivré, Académie du Coaching, à partir de la PNL.

Indication de lecture

Chapitre 15 de *Sources et ressources de la PNL* (Antoine et Danielle Pina) et chapitre 1 de *Question de temps* (François Delivré).

Besoin(s)

Description du concept

Le « besoin », c'est ce qui manque au client pour résoudre son problème. La question-clé du coach à cet égard est : « *Que vous manque-t-il pour parvenir là où vous voulez parvenir ?* »

Un client se trouve en séance avec deux besoins : d'une part, ce qui lui manque dans sa vie professionnelle pour parvenir là où il le veut : c'est le besoin « hors séance » ; d'autre part, ce dont il a besoin en séance de la part du coach pour travailler efficacement : attention, encouragement, fermeté, etc. (besoin en séance).

Usage et précautions d'emploi

Prendre son temps pour émettre des hypothèses sur les véritables besoins d'un coaché. Pour cela, faire appel au diagnostic intuitif autant qu'au diagnostic rationnel (c'est-à-dire l'utilisation de modèles de personnalité) et vice-versa.

Santé du coach

- *Quelle est la confiance que je fais à mon intuition ?*
- *Quelles sont les limites de cette confiance, celles au-delà desquelles j'accorderais une foi aveugle à mon intuition (toute-puissance*) ?*

Origine du concept

Le concept de « besoin » en coaching est l'un des quatre éléments d'analyse de la demande sous sa forme « RPBD » de l'analyse de la demande*.

Indication de lecture

Chapitre 8 du *Métier de coach* (François Delivré).

Bilan intermédiaire

Description du concept

Il s'agit d'un moment à mi-parcours de la relation contractuelle qui vise à vérifier l'avancement du coaching.

Usage et précautions d'emploi

Ce bilan porte à la fois sur le travail effectué (contenu des séances) et sur la façon de travailler (processus) : bonne application du contrat, avancement par rapport aux objectifs fixés, participation de la personne coachée au processus, etc. Il permet d'ajuster la relation, les objectifs, la durée, voire le contrat d'affaires*.

Il peut être prévu dans le contrat d'affaires ou réalisé en fonction des besoins (par exemple, la personne coachée entraîne le coach sur un objectif non contractualisé).

Le bilan intermédiaire se réalise soit de façon bilatérale entre le coach et la personne coachée, soit de façon tripartite avec l'interlocuteur responsable* (hiérarchique ou RH), en fonction du contrat de départ.

Origine du concept

Terme devenu courant dans la culture de coaching.

Cadre de référence

Description du concept

Ce sont les « lunettes » au travers desquelles chacun voit la réalité. La réalité est perçue au travers de filtres constitués de nos propres sens, de notre structure psychologique et, en particulier, de nos croyances, de notre culture, etc.

La personne coachée et la personne du coach, sur tout sujet abordé, sur tout contexte de séance, et même sur ce qu'est une relation de coaching, ont des cadres de référence différents, et nous sommes si habitués à nos lunettes que nous oublions que nous ne portons pas les mêmes qu'autrui. Ceci nous demande d'écouter en nous assurant que nous avons bien compris, en demandant des précisions, en restant en vigilance et en nous laissant ressentir la congruence entre ce qui est dit et ce que nous ressentons.

Usage et précautions d'emploi

La réussite d'un coaching nécessite assez souvent une modification du cadre de référence de la personne coachée sur le problème qu'elle apporte. Pour faire avancer son client, *in fine*, le coach agit en ce sens.

Pour que le travail en séance soit efficace, il est souvent nécessaire de partager les cadres de référence propres au coach et au coaché, en particulier par le biais de la métacommunication*. Le coach doit veiller à ne pas imposer son propre cadre de référence au coaché ni à se laisser imposer le cadre de référence de ce dernier.

Un grand dilemme, pour le coach, est de déterminer ce qui est le plus efficace pour son client : l'accepter dans son cadre ou lui en proposer un autre.

Santé du coach

Quelle est ma tendance instinctive : imposer mon cadre de référence ou accepter celui de l'autre ?

Quelle est mon aisance à jongler entre le cadre de référence de la personne coachée et le mien ?

Suis-je suffisamment conscient de mes divers cadres de référence ?

Origine du concept

L'Analyse Transactionnelle parle de « cadre de référence », la PNL (Programmation neuro-linguistique) et la sémantique générale (Alfred Korzybski) de « carte du monde », terme équivalent.

Indication de lecture

Deuxième partie de *Du désir au plaisir de changer* (Françoise Kourilsky Belliard).

Changement 2

Description du concept

Par opposition au « changement 1 » qui consiste à ajuster le système en fonction des événements et qui amène à faire « plus de la même chose » pour résoudre un problème, un « changement 2 » modifie tout ou partie du système dans lequel un problème s'auto-entretient. Dans le cas d'une personne, le changement 2 consiste, la plupart du temps, en un important changement de croyances qui induit de nouvelles façons d'être ou de faire : *« Ce ne sont pas les choses qui troublent les hommes mais l'opinion qu'ils en ont »* (Montaigne, volume 1, chapitre 14 des *Essais*).

En coaching, le changement 2 de la personne du coaché ne se décide ni ne se décrète. Il va prendre place ou non. En revanche, certaines conditions peuvent favoriser son émergence : la qualité de relation établie entre le coaché et le coach, l'écoute, la présence et la compréhension profonde du coach peuvent favoriser un lâcher prise de la part du coaché. Ce lâcher prise s'accompagne d'un désir profond de changement.

Usage et précautions d'emploi

Dans la culture du coaching, le changement 2 est très valorisé. Il serait le seul « noble ». Pour y parvenir, un coach médiocre peut être tenté d'entrer en toute-puissance*, intervenir de façon prétendument décisive, en s'imaginant que la personne coachée va, de ce fait, évoluer de façon importante.

Le changement 2 d'un client est enfin une étape importante et délicate qui nécessite de sa part de renoncer à des croyances profondes. Le coach doit donc veiller à la protection de la personne coachée dans la période transitoire.

Santé du coach

Qu'est ce qui, en séance de coaching, me ferait entrer en « toute-puissance » ?

Origine du concept

Gregory Bateson et l'école de Palo Alto.

Indication de lecture

Chapitre 1 de *Changements* (Paul Watzlawick, John H. Weakland et Richard Fisch).

Coaching prescrit

Description du concept

C'est un coaching assorti d'une recommandation formelle de l'entreprise enjoignant à l'un de ses salariés de recourir à un accompagnement de type coaching. Les prescripteurs sont communément le dirigeant, le supérieur hiérarchique ou une personne du service Ressources Humaines.

Usage et précautions d'emploi

La difficulté usuelle est d'appréhender correctement le niveau d'adhésion de la personne coachée à ce qui lui est prescrit. Il est également important pour le coach (mais pas toujours aisé) de connaître les vraies motivations du prescripteur, afin de détecter d'éventuels enjeux secrets* et d'apprécier s'ils mettent en cause la déontologie du métier de coach.

Sans préjuger des arguments indiqués par le prescripteur, le fait qu'un coaching soit prescrit révèle très souvent un problème concernant la personne coachée au sein de son entreprise.

Santé du coach

Est-ce que je m'autorise à refuser un coaching prescrit ?

Qu'est-ce que je fais pour préserver ma liberté en ce sens (notamment en solidité financière) ?

Origine du concept

Expression issue de la culture actuelle du coaching.

Confrontation, confronter

Description du concept

« Confronter » la personne coachée, c'est la mettre face à ses responsabilités lorsqu'elle se montre « passive » pour atteindre ses objectifs. Il s'agit pour le coach de mettre plus d'énergie que la personne coachée n'en déploie pour ne pas résoudre son problème, de lui faire percevoir la réalité de ses résistances* afin qu'elle décide ou non d'un changement.

L'Analyse Transactionnelle définit la « passivité » comme étant *« la manière dont les gens ne font pas les choses, ou ne les font pas efficacement »*. Il existe quatre types de comportements de passivité : ne rien faire, se suradapter, s'agiter, entrer dans le blocage ou la violence.

Usage et précautions d'emploi

Deux conditions sont indispensables pour confronter : un contrat relationnel* clair établi au moment de l'analyse de la demande*, et la volonté ferme du coach d'être en « pouvoir pour » la personne coachée et non dans un esprit de domination et donc en « pouvoir sur ».

Le coach doit également être vigilant pour assurer la protection* au cours d'une confrontation, avoir notamment prévu une « désescalade » si la confrontation tourne au jeu de pouvoir.

Santé du coach

Quel niveau de confiance en moi ai-je pour m'autoriser à confronter ? Quelle est mon aisance personnelle à gérer les affrontements, les rapports de force et les jeux de pouvoir ?

Origine du concept

Analyse Transactionnelle (Laurie Weiss).

Indication de lecture

Article de Laurie Weiss du volume 2 des *Classiques de l'AT* et chapitre 8 de *Coacher avec l'Analyse Transactionnelle* (Daniel Chernet).

Contenu, processus et sens

Description du concept

Le contenu, c'est la réalité de ce qui est dit ou observé. Ce sont aussi les informations brutes que l'on recueille. En coaching, il s'agit essentiellement des éléments apportés par la personne coachée, auxquels s'ajoutent les observations directes du coach.

Le processus, c'est la façon dont des éléments de contenu interagissent dans l'instant et dans le temps. En coaching, c'est à la fois la progression du travail et l'évolution de la relation entre le coach et la personne coachée.

Le sens, c'est à la fois la direction (savoir où l'on va) et la signification (pourquoi l'on y va).

Usage et précautions d'emploi

Pour le coach, l'exploration du contenu sert à bien appréhender le cadre de référence* de la personne coachée. Le processus, surtout ce qui se passe dans l'« ici et maintenant » de la séance, éclaire le mode opératoire à utiliser pour atteindre l'objectif du coaching.

Le professionnalisme du coach suppose une conscience particulièrement aiguë du processus de séance, la difficulté consistant à prendre le recul nécessaire afin d'établir un bon diagnostic et à pouvoir décoder le contenu. Ceci permet notamment de détecter un processus parallèle* ou de vérifier le niveau de congruence entre ce que la personne coachée dit et ce qu'elle montre.

Le coach professionnel jongle entre contenu, processus, et sens.

Évaluation de séance

Quelle a été mon aisance à me situer en même temps dans le contenu et le processus ?

Avons-nous passé un contrat relationnel durant cette séance ?*

Santé du coach

Quelles sont mes approches préférentielles, philosophiques et/ou religieuses sur le sens de la vie ? Sur la réussite et l'échec ? Sur le bien et le mal, la fatalité ou la liberté, etc. ?

Qu'est-ce que le métier de coach apporte comme sens à ma vie personnelle ?

Est-ce que je crois en la capacité de changement de l'être humain ?

Origine du concept

Les notions de contenu, processus et sens sont universelles et utilisées sous diverses appellations en psychanalyse, en économie, en ingénierie, etc. Leur juxtaposition pour le coaching a été soulignée par Vincent Lenhardt (*Responsables porteurs de sens*).

Indication de lecture

Chapitre 12 du *Métier de coach* (François Delivré).

Contrat d'affaires

Description du concept

C'est l'accord explicite entre un coach et une entreprise qui précise officiellement les conditions dans lesquelles un coaching a lieu. Il s'agit d'un document écrit qui permet en particulier au coach d'être rémunéré. De son côté, l'entreprise peut grâce à lui vérifier le respect des conditions contractuelles.

Le contrat d'affaires porte notamment sur les objectifs, les résultats attendus, les modalités de l'intervention, la déontologie, les conditions financières et administratives, le nombre d'heures de coaching, le lieu, etc.

Usage et précautions d'emploi

Dans la majorité des cas, mieux vaut ne pas conclure de contrat d'affaires avant d'avoir rencontré la personne coachée.

Inclure dans le contrat un code de déontologie, notamment les clauses de confidentialité.

Veiller à la désignation d'un interlocuteur responsable*.

Santé du coach

Suis-je capable de passer des contrats d'affaires avec des interlocuteurs d'entreprise moins mûrs que moi ?

Origine du concept

Analyse Transactionnelle (Fanita English).

Pratiques des entreprises qui se sont structurées et organisées pour développer en leur sein des actions de coaching.

Indication de lecture

Chapitre 9 du *Métier de coach* (François Delivré).

Contrat de patouille

Description du concept

C'est un contrat relationnel* de séance qui consiste à se mettre d'accord… pour ne pas avoir temporairement de contrat.

Usage et précautions d'emploi

Le coach peut proposer un « contrat de patouille » lorsque la séance bute sur une difficulté et qu'il vaut mieux attendre que les choses décantent. Par exemple : difficulté à préciser un objectif de séance, surgissement d'une émotion importante, résistance* de la personne coachée.

Une précaution : se mettre d'accord sur la durée limitée de la « patouille », sinon la séance risque de se transformer en bavardage.

Origine du concept

Appellation humoristique utilisée par François Delivré.

Contrat de séance

Description du concept

C'est un accord explicite entre le coach et la personne coachée qui porte sur l'objet de la séance, sur son contenu (ce que l'on travaille) et/ou sur le processus (comment on va travailler). Il peut être utile d'en rappeler le sens (pourquoi l'on travaille là-dessus).

Usage et précautions d'emploi

Le contrat de séance permet d'éviter un coup de théâtre en fin de séance du type *« on n'a rien fait aujourd'hui »* ou bien *« je voulais vous parler de quelque chose d'important et on n'a plus le temps »*. Il doit intervenir suffisamment tôt pour permettre sa réalisation dans le laps de temps imparti. Mais il ne peut être conclu qu'après une analyse de la demande* qui le rende pertinent.

Le coach doit vérifier la congruence de l'accord de la personne coachée lorsqu'il lui propose un contrat, l'accord entre le « oui » verbal et l'expression non verbale.

Évaluation de séance

Ai-je pris le temps de préparer la séance ?

Ai-je suivi ma piste de travail a priori *ou ai-je suffisamment pris le temps pour trouver le contrat pertinent ?*

Ai-je vérifié l'adhésion de la personne coachée au contrat ?

Si c'est elle qui l'a proposé, ai-je pris le temps de vérifier si ce contrat me semblait le plus opportun ce jour-là ? Dans le cas contraire, ai-je fait part de mon point de vue ?

Santé du coach

Ai-je tendance à m'accrocher à un « programme » de séance que j'avais prévu ou suis-je prêt à laisser la place à ce qui va advenir ?

Origine du concept

Selon le dictionnaire Larousse, un contrat est une « *convention par laquelle une ou plusieurs personnes s'engagent à faire ou à ne pas faire quelque chose* ». L'importance donnée au contrat est une caractéristique de l'Analyse Transactionnelle, l'esprit étant de partager les responsabilités de chacun.

Indication de lecture

Chapitre 26 du *Manuel d'Analyse Transactionnelle* (Ian Stewart).

Contrat relationnel

Description du concept

C'est l'ensemble des accords explicites entre le coach et la personne coachée. Il comprend essentiellement deux éléments :

- l'accord sur le contenu qui porte sur ce que la personne coachée veut apprendre ou améliorer ;
- l'accord sur le processus qui porte sur les modalités de la relation entre la personne coachée et son coach.

Usage et précautions d'emploi

Des contrats relationnels doivent être passés tant au début d'un processus de coaching qu'à chaque séance. Sinon, le coach risque d'entrer dans une relation de sauvetage*.

Évaluation de séance

La personne coachée et moi-même avons-nous travaillé sans contrat relationnel ?

Origine du concept

Analyse Transactionnelle. Le contrat relationnel est l'un des éléments du contrat tripartite*, concept élaboré par Fanita English.

Indication de lecture

Chapitre 9 du *Métier de coach* (François Delivré).

Contrat tripartite

Description du concept

Le contrat tripartite est l'ensemble des contrats entre le coach, la personne coachée et l'entreprise qui emploie la personne coachée. Il cadre l'intervention du coach et permet aux protagonistes de se mettre d'accord sur les attendus et engagements de chacun.

Usage et précautions d'emploi

Le contrat tripartite est souvent établi à l'issue d'un entretien tripartite de démarrage du coaching, spécifiant notamment les objectifs et les modalités du bilan.

Il arrive que le contrat soit simplement bipartite : c'est notamment le cas avec les dirigeants qui financent leur coaching.

Veiller aux enjeux secrets*.

Origine du concept

L'Analyse transactionnelle (Fanita English), sous le vocable « contrat triangulaire » conçu pour les situations de formation.

Indication de lecture

Chapitre 9 du *Métier de coach* (François Delivré).

Cran 4

Description du concept

Le cran 4 est à relier à la notion de curseur* et correspond aux problématiques* de stratégie* et d'organisation traitées en coaching. C'est le cran privilégié pour le coaching des dirigeants. C'est également le cran sur lequel un coach travaille avec un manager qui veut analyser sa structure.

Usage et précautions d'emploi

Un coach doit avoir à sa disposition des outils pour travailler sur le cran 4 : analyse des organisations, fonctionnement des groupes, analyse stratégique, etc.

Il est également important qu'un coach qui est « appelé » sur ce cran sache garder une « fluidité » de déplacement sur le curseur* pour effectuer un travail de coaching et non de conseil, et ainsi permettre à son coaché d'exercer son métier avec les choix et le style qui lui sont propres.

Origine du concept et indication de lecture

Chapitre 4 du *Métier de coach* (François Delivré).

Curseur

Description du concept

Le « curseur » est une représentation imagée d'une typologie des problématiques* traitées en coaching. Un curseur se déplace sur une réglette à quatre crans.

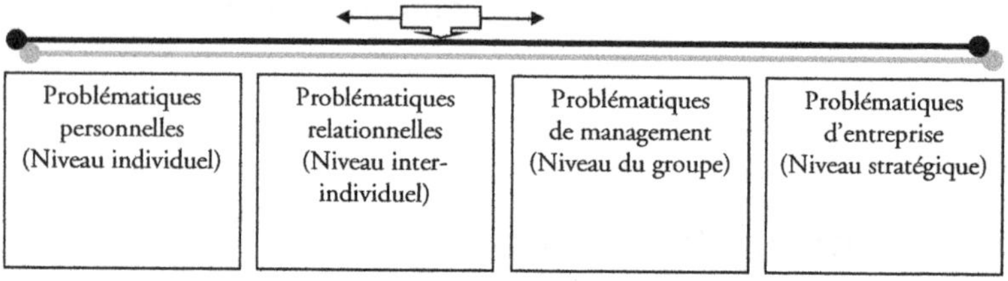

Usage et précautions d'emploi

La présentation du curseur est particulièrement utile au coach lorsqu'il doit présenter le coaching à un prescripteur ou à un coaché qui s'interroge sur la nature et les limites du coaching en entreprise. Elle présente de façon simple une typologie des problématiques* qui en relèvent.

Attention ! Suivant sa formation et ses compétences personnelles, un coach peut être tenté de considérer que le problème apporté par un coaché se situe dans son « cran » favori et faire ainsi une erreur de diagnostic. Un cran peut en cacher un autre !

Santé du coach

Être conscient des problématiques* de coaching (le « cran ») que l'on aime traiter et des erreurs de diagnostic que l'on peut alors commettre.

Ne pas s'aventurer à traiter des problématiques à un cran où l'on ne se sent pas compétent.

Origine du concept

La décomposition en quatre domaines est liée aux développements de l'identité managériale de Vincent Lenhardt et peut être utilisée par un manager.

Indication de lecture

Chapitre 4 du *Métier de coach* (François Delivré).

Demande (*versus* besoin)

Description du concept

Demander quelque chose à quelqu'un, c'est lui exprimer non seulement ce dont on a besoin, mais lui demander explicitement s'il est d'accord pour satisfaire ce besoin.

En coaching, la phrase classique du coach au coaché pour l'inviter à formuler sa demande est : « *Qu'attendez-vous de moi ?* » Cela permet de transformer son besoin* en plan d'action, en travail à effectuer en séance.

Plus la demande est claire, plus le contrat de séance* est facile à conclure.

Usage et précautions d'emploi

Face à la personne accompagnée, le coach peut adopter soit une attitude passive en demandant ce que la personne coachée attend de lui, soit une attitude active en proposant des pistes de travail et en vérifiant leur pertinence auprès de la personne coachée.

Sans demande véritablement qualifiée, le coach prend le risque d'entrer dans le jeu psychologique* du sauveteur* et de ses conséquences connues (victime/persécuteur).

Le coach doit s'adapter à la maturité de la personne coachée qui est parfois désarçonnée par la question « *qu'attendez-vous de moi ?* ».

Évaluation de séance

Ai-je pensé à poser la question de la demande avant de commencer à « travailler » sur une piste évoquée par la personne coachée ?

Santé du coach

Suis-je moi-même capable en certaines occasions de demander quelque chose au coaché pour moi, notamment pour ajuster le kit de survie ?*

Origine du concept

L'expression d'un besoin non assortie d'une demande est appelée « demande symbiotique » en Analyse Transactionnelle.

Indication de lecture

Chapitre 20 du *Manuel d'Analyse Transactionnelle* (Ian Stewart).

Deuil

Description du concept

Terme primitivement utilisé pour parler de la perte d'une personne. Cette notion s'est étendue à tout type de changement : matériel, physique, psychologique, environnemental. Le changement entraîne un déséquilibre temporaire et c'est durant cette période que prend place le processus de deuil. Ce processus comprend cinq phases : déni, colère, marchandage, dépression préparatoire et acceptation. Une fois ces cinq phases traversées, la personne trouve un nouvel équilibre. La durée du processus est variable selon le type de deuil, la fragilité de la personne et l'impact du deuil dans sa vie.

Usage et précautions d'emploi

Le coaché a besoin d'être accueilli profondément dans ce moment de fragilisation, d'interrogations et d'émotions variées. Une écoute bienveillante, humaine, est importante. Le coach a besoin de lâcher prise par rapport au sauvetage*, par rapport à « faire », afin de pouvoir entrer dans une relation authentique d'être à être.

Nommer les différentes étapes du processus peut aider la personne dans la compréhension de son vécu, mais ne fait pas faire l'économie du processus dans sa durée.

Santé du coach

Comment ai-je vécu les différents deuils de ma propre vie ?

Est-ce que je me suis fait aider par un professionnel dans ces traversées ?

Comment est-ce que je réagis vis-à-vis de quelqu'un qui traverse un deuil ?

Puis-je accueillir profondément chez moi et chez l'autre des émotions telles que la peur, la tristesse, la colère ?

Origine du concept

Élisabeth Kübler-Ross pour les premiers travaux de référence.

Indication de lecture

Vivre le deuil au jour le jour (Christophe Fauré).

Dommageable, dommage(s)

Description du concept

Se dit d'une parole, d'une opération ou d'un acte qui va causer ou a causé un dommage chez la personne coachée. Le coach peut émettre un signe de reconnaissance* négatif inconditionnel, peut se mettre fortement en colère contre le coaché, peut porter un jugement disproportionné. Le dommage peut aussi se produire hors séance, lorsque la personne coachée fait ou dit quelque chose qui lui cause du tort à cause de ce qui s'est passé en séance.

Usage et précautions d'emploi

Les interventions dommageables du coach sont souvent la conséquence d'un manque de protection* de la personne coachée.

Santé du coach

Suis-je au clair avec les façons de réparer un dommage causé par moi à un coaché tout en gardant mon rôle professionnel ?

Origine du concept

Terme de la culture de coaching.

Enjeu secret

Description du concept

Les enjeux secrets sont des concentrés de « non dits » sous-jacents à l'établissement d'un contrat tripartite* ou relationnel* :

- **pour la personne coachée**, c'est un mécanisme d'opposition inconsciente au changement souhaité, parce que celui-ci remettrait trop fortement en cause ses croyances et sa vision du monde ;

- **pour le coach**, c'est utiliser le coaching pour satisfaire ses besoins conscients ou inconscients au travers du projet de la personne coachée (besoin de pouvoir, de reconnaissance, d'autorité...) ;
- **pour l'entreprise** *via* le prescripteur qui a commandé le coaching, ce sont des objectifs cachés au travers d'une commande *a priori* claire. Le coaching sert d'alibi alors que des décisions sont déjà prises concernant la personne coachée.

Usage et précautions d'emploi

L'attention portée aux contrats personnels et d'affaires et une déontologie affirmée permettent de limiter les enjeux secrets. Le coach n'est cependant pas à l'abri d'un coup de théâtre.

Santé du coach

Suis-je au clair avec mes enjeux secrets en coaching ?

Les ai-je traités avec un thérapeute ?

Origine du concept

Analyse Transactionnelle (Fanita English).

Indication de lecture

Chapitre 9 du *Métier de coach* (François Delivré).

Environnement

Description du concept

Pour un système quelconque, « l'environnement » est ce qui se situe en dehors du système. Il influence la vie du système, son fonctionnement et son évolution. En coaching, « l'environnement » de la personne coachée est essentiellement son entreprise, son équipe, ses collègues, mais il peut arriver que d'autres composantes de l'environnement jouent dans sa problématique, notamment ses proches.

Usage et précautions d'emploi

La compréhension de l'environnement de la personne coachée est essentielle pour un coach. On l'appelle parfois « intelligence de l'entreprise ». Cela porte à la fois sur le contenu de l'environnement (informations) et sur les processus qui s'y jouent, notamment la compréhension des rapports de forces et enjeux au sein de l'entreprise.

Au cran 4* du curseur*, un dirigeant doit connaître personnellement son environnement afin de pouvoir définir sa stratégie* et ajuster la structure dont il est responsable à la stratégie choisie.

Santé du coach

Quelle est mon aisance personnelle à analyser et traiter les rapports de force ?

Origine du concept

La systémique et la théorie organisationnelle de Berne (TOB)*

Indication de lecture

Chapitre 19 du *Métier de coach* (François Delivré).

Estime de soi

Description du concept

L'« estime de soi » est un état intérieur paisible d'équilibre dans lequel la personne est en contact avec ses profondeurs. Cet équilibre est atteint grâce à trois composantes :

- **la confiance en soi** ou capacité de la personne à passer à l'action et à reconnaître ce qu'elle a accompli ;
- **l'image de soi** ou capacité de la personne à se percevoir telle qu'elle est, avec ses talents et ses limitations ;
- **l'amour de soi** ou capacité de la personne à se respecter et à s'aimer sans condition.

Lorsque l'estime de soi est bonne, l'affirmation de soi est juste et naturelle. Dans la relation, il y a la place pour l'autre et pour soi-même.

Usage et précautions d'emploi

Pour un coach, l'estime de soi est un élément essentiel du professionnalisme. Il nécessite un travail thérapeutique* solide. L'enjeu est d'accepter ses propres fragilités et de renforcer ses points forts.

Santé du coach

Les éléments de travail d'un coach pour améliorer son estime de soi sont très nombreux. Parmi eux : la capacité à recevoir des *feedbacks*, l'acceptation des limites intellectuelles, physiques et psychologiques ; l'acceptation de faire des erreurs en coaching ; l'abandon des comparaisons, notamment par rapport aux confrères ; la capacité de lâcher prise, etc.

Origine du concept

L'expression est devenue courante dans le langage actuel et la littérature psychologique contemporaine.

Indication de lecture

L'estime de soi (Christophe André et François Lelord).

Fiche d'évaluation de séance

Description du concept

C'est une liste de questions que le coach peut se poser au sortir d'une séance de coaching pour analyser et renforcer son professionnalisme. Les questions portent sur la personne du coach : son état de fatigue, de tension, de détente, sa satisfaction, la conduite en séance : relation coach/coaché, diagnostic, outils utilisés, suite à donner à la séance, etc.

Usage et précautions d'emploi

À utiliser sans modération pour prendre du recul sur sa pratique, se poser les questions que l'on n'a pas le temps de se poser en séance, approfondir un aspect qui aurait échappé, mieux préparer ses séances futures.

Origine du concept

Outil élaboré par l'Académie du Coaching.

Indication de lecture

Voir l'annexe 3 en fin du livre.

Gagnant

Description du concept

Est considéré comme « gagnant » celui qui parvient à atteindre ses objectifs explicites. Les autres attitudes sont d'être perdant (ne pas les atteindre) et non-gagnants (ne pas se fixer d'objectif, ou les atteindre partiellement).

Un grand principe : *« Le gagnant sait ce qu'il fera s'il perd mais n'en parle pas. Le perdant parle de ce qu'il fera s'il gagne, mais ne sait pas ce qu'il fera s'il perd »* (Éric Berne).

Description du concept

Les difficultés d'un coaché viennent parfois de ce qu'il n'a pas l'attitude de « gagnant » par rapport à un problème. Le coach peut l'aider à l'acquérir.

Santé du coach

Quels sont mes objectifs professionnels de coach ?

Est-ce que je les atteins ?

Origine du concept

Analyse Transactionnelle (Éric Berne).

Indication de lecture

Introduction du *Pouvoir de négocier*, de François Delivré.

Génie personnel

Description du concept

Chaque personne possède des qualités, des aptitudes, des talents qu'il utilise de manière naturelle. C'est si évident qu'il n'en a en général pas conscience. Cela ne constitue donc pas pour lui une richesse. Travailler pour retrouver ce qui constitue son génie personnel permet au coach de renforcer l'estime qu'il a de lui et de travailler avec le coaché en toute sérénité.

Usage et précautions d'emploi

La découverte de son génie personnel requiert un travail thérapeutique* en profondeur. Ce travail s'accompagne d'un travail en profondeur d'acceptation de ses limitations.

Origine du concept

Concept élaboré par Noëlle Philippe, Académie du Coaching.

Intelligence de situation

Description du concept

L'intelligence de situation est la capacité du coach à prendre du recul et comprendre ce qui se passe en séance, sans que cela soit verbalisé, et à intervenir intuitivement de façon pertinente et adaptée pour aider la personne coachée.

Usage et précautions d'emploi

Être en intelligence de situation suppose de se concentrer sur la situation présente et d'être à l'écoute de sa zone 1*.

Origine du concept

Expression utilisée par François Souweine, Académie du Coaching.

Interlocuteur responsable

Description du concept

L'interlocuteur responsable est la personne physique qui représente l'entreprise vis-à-vis du coach. Il s'agit en général du supérieur hiérarchique de la personne coachée ou du responsable des Ressources Humaines. Son nom est mentionné au contrat d'affaires* et constitue un recours en cas de difficulté au cours du coaching.

Usage et précautions d'emploi

Il est indispensable que le coach dispose d'un unique interlocuteur responsable. Il saura ainsi vers qui se tourner en cas de difficulté, comme l'annulation répétée de séances par la personne coachée, un problème de facturation, etc.

Par souci de confidentialité, l'interlocuteur responsable n'a pas à connaître le contenu du travail effectué entre le coach et la personne coachée. Il ne peut demander à vérifier que ce qui est convenu dans le contrat tripartite*.

Origine du concept

Expression courante dans la culture du coaching.

Indication de lecture

Chapitre 9 du *Métier de coach* (François Delivré).

Interventionnisme, interventionniste

Description du concept

L'esprit même du coaching est d'être « non interventionniste » : c'est à la personne coachée d'élaborer et de trouver elle-même ses solutions. Le coach ne fait qu'écouter, questionner, formuler des hypothèses. Il se centre sur le processus, se veut un miroir neutre qui n'interprète pas, n'évalue pas et ne propose pas. La croyance du « non-interventionnisme » est que le seul fait d'écouter, de questionner, de comprendre et d'accepter la personne coachée telle qu'elle est va lui permettre de trouver par elle-même ses propres solutions. En relation d'aide, l'approche rogérienne est un bon exemple d'attitude non interventionniste.

Le coach « interventionniste » estime que cette position absolue est parfois impossible à tenir, ou inefficace. Il accepte ainsi parfois d'intervenir en envoyant des signes de reconnaissance*, en proposant, en confrontant, en recadrant, en enseignant un modèle conceptuel, etc. Il estime que la progression du travail est alors plus rapide et efficace, dès lors que la personne coachée est prête à entendre et appliquer ce que lui propose le coach. Le coach interventionniste demande d'agir, et c'est l'action de la personne coachée qui provoque le changement.

En relation d'aide, l'approche paradoxale est un bon exemple d'attitude interventionniste.

Usage et précautions d'emploi

La limite de l'interventionnisme est dictée à la fois par le contrat, par les propres limites du coach qui ne doit pas s'aventurer sur des sujets qu'il ne connaît pas. Son point de vigilance doit être de rester en « pouvoir pour ».

Indication de lecture

Chapitre 11 du *Métier de coach* (François Delivré).

Kit de survie

Description du concept

Établir la relation et la maintenir tout au long d'une séance est un point fondamental pour le bon déroulement d'un coaching. Cela ne peut se faire que si les personnes sont respectées et se respectent dans leur fonctionnement, leurs limites et leur liberté. L'expression « kit de survie » désigne ce qui se vit pour le coaché, pour le coach et dans leur relation. Si l'on ne reste pas attentif aux personnes et à leur relation, on ne peut pas travailler efficacement en coaching, car on va rencontrer des résistances* au changement.

Usage et précautions d'emploi

Pendant le coaching, le coach veille en permanence à garder un bon kit de survie. En cas de dégradation, l'option majeure est la métacommunication*.

Évaluation de séance

Vigilance pour le coach : comment s'est-il senti durant la séance, quelle a été sa disponibilité, etc. ?

Vigilance pour le coaché : le coaché a-t-il présenté des signes de malaise, des résistances, a-t-il exprimé ou retenu des émotions ?

Vigilance sur la relation : quelle a été la qualité de la relation ? Comment s'est-elle instaurée ? Comment a-t-elle évolué en cours de séance ? Si elle s'est dégradée, le coach a-t-il métacommuniqué (très important) ?

Origine du concept

François Souweine, Académie du Coaching.

Lâcher les baguettes

Description du concept

Cette expression vient d'un exercice classique en formation aux relations humaines. Deux personnes sont en lien avec deux baguettes qu'elles tiennent chacune du bout de l'index. Elles évoluent dans la pièce, sont attentives l'une à l'autre afin que les baguettes ne tombent pas.

Par analogie, « lâcher les baguettes » consiste pour le coach à accepter de renoncer à telle ou telle intervention pour mieux s'adapter à la situation.

Origine du concept

Jeux pédagogiques en Analyse Transactionnelle (Alain Cardon).

Méconnaissance(s)

Description du concept

Les méconnaissances sont les *« omissions inconscientes d'informations utiles à la résolution d'un problème »*. L'enjeu est de perpétuer les croyances anciennes psychiquement rassurantes plutôt que de les remettre en cause.

L'Analyse Transactionnelle distingue douze niveaux de méconnaissances, réduits à quatre par François Delivré pour le coaching :

- **niveau du stimulus externe ou interne** : ne pas voir ou entendre, ne pas ressentir (une émotion, une fatigue...), etc. ;

- **niveau du problème** : ressentir les *stimuli* mais ne pas en tenir compte (par exemple, ressentir de la fatigue au volant mais penser que ce n'est pas grave).
- **niveau des options** : penser qu'il n'y a pas de solutions au problème (par exemple, penser qu'il est impossible de se reposer un peu quand on est surchargé).
- **niveau de la mise en place des options** : s'estimer incapable de mettre en œuvre une solution (par exemple, reconnaître qu'il faudrait vraiment se reposer, mais penser que soi, on ne le peut pas).

Usage et précautions d'emploi

Le coach peut utiliser le concept de méconnaissances quand il estime que la personne coachée ne perçoit pas bien qu'elle va « dans le mur », qu'elle se fourvoie, surtout si le contrat enjoint au coach d'intervenir à cet effet.

Utilisation pratique : identifier le niveau de méconnaissance, puis aider la personne coachée à percevoir là où elle se fourvoie.

L'ordre pour traiter les méconnaissances est important : il est inutile de traiter une méconnaissance à un niveau si les niveaux précédents sont méconnus. Ne pas traiter une méconnaissance si le kit de survie* n'est pas bien en place.

Santé du coach

Le coach n'est pas exempt de méconnaissances… y compris sur le fait de penser que la personne coachée fait une méconnaissance !

Rester vigilant à son propre cadre de référence*.

Origine du concept

Analyse Transactionnelle.

Indication de lecture

Conférence « Méconnaissances et recadrage » (sur www.academie-coaching.fr). Volume 2 des *Classiques de l'AT.* Chapitre 8 de *Coacher avec l'Analyse Transactionnelle* (Daniel Chernet).

Métacommuniquer, métacommunication

Description du concept

« Métacommuniquer », c'est verbaliser sur ce qui se passe (contenu et relation). En coaching, c'est une opération majeure qui rétablit ou renforce le kit de survie*. C'est dire, par exemple, en séance de coaching : *« Ce que vous me dites est pour moi confus et je suis perdu, pouvez-vous répéter en synthétisant ? »* Ou encore : *« Je trouve que nous avançons à grand pas, qu'en pensez-vous ? »*

Usage et précautions d'emploi

L'opération de métacommunication nécessite de la part du coach de la lucidité sur l'« ici et maintenant », et du courage. C'est elle qui permet de rétablir, le cas échéant, le kit de survie*.

La difficulté est moins dans le fait de métacommuniquer que dans la manière de le faire. Métacommuniquer suppose d'être très à l'écoute de sa zone 1*.

Origine du concept

L'école de Palo Alto.

Indication de lecture

Partie I-5 d'*Une logique de la communication* (Paul Watzlawick, Janet H. Beavin et Donald D.Jackson).

Pathologie

Description du concept

On parle de pathologie lorsque l'on se trouve en face d'une personne présentant des troubles graves de la personnalité, du comportement, et qui vit dans un monde déconnecté de la réalité (délire).

Usage et précautions d'emploi

La pathologie relève d'un traitement psychiatrique.

Santé du coach

En coaching, on ne travaille pas avec des personnes présentant une pathologie.

Permission et protection(s)

Description du concept

La **permission** est la capacité transmise par le coach au coaché de faire ce qu'il a vraiment envie de faire (« *oui, allez-y* »). La **protection** est l'ensemble des mesures mises en place par le coach pour protéger la personne coachée des éventuelles conséquences néfastes de la permission. Permettre et protéger, c'est dire « *oui, si* ».

Usage et précautions d'emploi

Un principe majeur pour le coach : « *Jamais de permission sans protection.* » Le risque d'utiliser l'une sans l'autre serait de mettre en danger la personne coachée dans la mise en œuvre de ce que, enfin, elle se permet. Le coach peut donner des permissions comme des protections. Il peut aussi (c'est plus dans l'esprit du coaching) aider la personne coachée à se donner à elle-même des permissions et à se protéger.

Le couple « permission/protection » est un outil puissant qui, s'il est bien utilisé, permet à la personne coachée d'expérimenter une solution en étant en sécurité et de grandir en autonomie*. Son utilisation n'est efficace que si trois conditions sont remplies : un bon kit de survie*, une zone 1* bien analysée, un transfert* positif. De plus, le coach veillera à identifier le degré d'autonomie de la personne coachée.

Le coach veille à donner des permissions seulement dans le cadre du contrat de coaching. Sinon, il entre en sauvetage*. Il veille à ne pas entrer en toute-puissance* s'il décide de donner une « permission ».

Origine du concept

Le concept du couple « permission/protection » vient de l'Analyse Transactionnelle.

Indication de lecture

Chapitre 15 du *Métier de coach* (François Delivré).

Position haute (ou basse)

Description du concept

Dans toute interaction relationnelle, la **position haute** est prise par celui qui invite l'autre à le suivre, directement ou subtilement, consciemment ou non. La **position basse** consiste à suivre. La **position faussement basse** consiste à prendre une position basse sur le plan du contenu et une position haute sur le plan du processus.

Usage et précautions d'emploi

Le coach doit être capable d'osciller sans cesse au cours de la relation entre ces trois positions. Dans un premier temps, il doit être souvent en position haute, car cette position est rassurante pour la personne coachée qui ressent que son interlocuteur sait ce qu'il fait. Au fur et à mesure de l'échange, cette position est amenée à évoluer.

Il ne faut pas confondre ces positions avec les « positions de vie » de l'Analyse Transactionnelle.

Santé du coach

Quelles ont été, dans ma vie personnelle, les circonstances et la façon dont j'ai exercé sainement une autorité ?

Origine du concept

École de Palo Alto.

Indication de lecture

Chapitre 2-6 d'*Une logique de la communication* (Paul Watzlawick, Janet H. Beavin et Donald D. Jackson).

Position méta

Description du concept

Se mettre en « position méta », c'est avoir conscience à la fois de la personne coachée, de sa propre personne en train de coacher et de la relation qui se joue entre les deux. C'est la faculté qu'a tout être humain de se décentrer de lui-même en ayant conscience à la fois du contenu (ce qui se dit) et du processus* (ce qui se joue).

Usage et précautions d'emploi

Utiliser sans modération. Un coach devrait être en « position méta » du début à la fin des séances, c'est-à-dire ne pas se laisser entraîner de façon exclusive sur le terrain du « contenu ».

Origine du concept

Terme utilisé en chimie. Dans le domaine relationnel, terme utilisé par l'école de Palo Alto puis la PNL. Le mot « méta » vient du grec et signifie « au-dessus de » ou « au-delà de ».

Prince

Description du concept

Par analogie avec les contes de fée, le « Prince » est l'archétype du potentiel d'un être humain, l'être en devenir constitutif de son identité. Dans la culture du coaching, il s'agit essentiellement du potentiel positif.

Tout Prince (ou Princesse) est gêné(e) dans le déploiement de son potentiel, blessé dans sa croissance et n'accepte pas une partie de sa condition humaine. Il développe alors une partie secrète et la plupart du temps inconsciente, le « crapaud », dans laquelle manque l'estime de soi* ou des autres. Pour survivre en société, il adopte enfin des « masques » psychologiques et sociaux.

Usage et précautions d'emploi

L'esprit même du métier de coach consiste à voir le Prince positif derrière le Prince blessé de la personne coachée, son crapaud ou son masque. Le coach veille aussi à incarner son propre Prince dans sa posture professionnelle.

Il reste attentif à ne pas effectuer de méconnaissance* sur le potentiel de la personne coachée et lui faire croire à des mirages. Un coach pourrait avoir tendance à vouloir révéler « à tout prix » le Prince de la personne coachée, hors contrat. Il tomberait alors dans un rôle de sauveteur*.

Santé du coach

Par un travail thérapeutique* et un effort de lucidité, un coach est conscient de ses diverses facettes de Prince positif, Prince blessé, crapaud et masque. Il connaît ses propres processus répétitifs qui conduisent à un renforcement de son crapaud et de son masque.

Origine du concept

Le schéma d'identité a été élaboré par Carlo Moïso, puis formulé et approfondi par François Delivré.

Indication de lecture

Chapitre 10 du *Métier de coach* (François Delivré).

Processus parallèle

Description du concept

Processus selon lequel la personne coachée prend inconsciemment vis-à-vis du coach une attitude révélatrice de son propre problème. Cela se produit généralement en début de séance ou en début de coaching.

Usage et précautions d'emploi

En début de coaching, le coach veille donc à repérer ce qui paraît atypique ou décalé, et à émettre ainsi des hypothèses de processus parallèle. Il peut alors : soit le garder pour lui et vérifier s'il se reproduit ; soit le verbaliser auprès de la personne coachée en faisant le lien avec la problématique* (méta-communiquer*) ; soit le traiter tout de suite si le processus parallèle empêche le travail.

La révélation du processus parallèle surprend souvent la personne coachée. Le coach veille à ne pas l'effectuer en toute-puissance* ni en sauvetage*. En présence d'éléments évoquant un éventuel processus parallèle, le coach veille à ne pas se laisser abuser par son éventuel contre-transfert*.

Origine du concept

Approche systémique.

Puissance (personnelle)

Description du concept

La puissance personnelle est un état de certitude tranquille qu'éprouve une personne lorsqu'elle est directement en contact avec ses talents, ses capacités, son intuition. La solution lui apparaît ainsi comme évidente. Cette puissance personnelle peut alors être mise au service de l'autre personne.

Usage et précautions d'emploi

En coaching, en relation d'aide, l'expression de la puissance personnelle se fait de manière circonscrite dans la durée. Elle se manifeste lorsque les interventions du coach bousculent le cadre de référence* de la personne coachée dans le but de favoriser le changement voulu par celui-ci. Le coach pousse alors la personne coachée à oser faire ce qu'elle s'interdit ou hésite à faire alors qu'elle le souhaite réellement. L'exercice de la puissance redonne à la personne coachée sa liberté fondamentale.

Pour que l'exercice de la puissance soit efficace, il faut que le coach se sente très à l'aise avec lui-même et bien dans son rôle. Avant d'exercer sa puissance personnelle, il est également important pour le coach de vérifier la bonne qualité de la relation d'autorité.

Santé du coach

Le coach a besoin de travailler en profondeur la différence entre toute-puissance* et puissance.

Origine du concept

Analyse Transactionnelle à travers le modèle des 3P : Permission*, Protection*, Puissance*.

Indication de lecture

Chapitre 14 du *Métier de coach* (François Delivré).

Redéfinition(s), redéfinir

Description du concept

Distorsion de la perception de la réalité par un individu de manière qu'elle cadre avec ses croyances. Un coaché « redéfinit » lorsqu'il ne répond pas à une demande du coach, ou qu'il répond à côté.

Usage et précautions d'emploi

Lorsqu'un coaché « redéfinit », cela signifie qu'il a une difficulté par rapport à la question du coach. Il vaut mieux approfondir la raison pour laquelle il ne répond pas que dire : *« Vous n'avez pas répondu. »*

Origine du concept

Analyse Transactionnelle.

Indication de lecture

Les classiques de l'AT, volume 2.

Résistance(s)

Description du concept

Lorsque le coaché désire opérer un changement, il se met en place chez lui, quasi automatiquement et inconsciemment, des résistances au changement. Ces résistances peuvent prendre la forme de croyances, de peurs, de comportements d'échec ou d'inertie… Les résistances sont très diverses. Elles donnent une indication précieuse au coach : si les résistances sont nombreuses et puissantes, attention… elles sont le signe qu'il vaut mieux ne pas trop toucher au système de défense de la personne.

Usage et précautions d'emploi

En premier lieu, déceler et analyser les résistances de la personne coachée à avancer vers son objectif de coaching.

Ne pas interpréter en tant que résistance une difficulté de la personne coachée due à une relation mal établie ou à une relation qui s'est dégradée au cours du coaching. La plupart du temps, ne pas aborder les résistances de façon frontale, mais aider la personne coachée à lâcher prise et à s'ouvrir à elle-même. Lorsque le moment est opportun, confronter* avec puissance*.

Santé du coach

Connaître ses propres résistances au changement, en avoir mesuré la force, la difficulté à les faire bouger, et connaître les raisons de leur mise en place.

Travailler sur ses limitations humaines.

Origine du concept

Concept de psychanalyse étendu au coaching.

Indication de lecture

Rubrique « Résistances » du *Dictionnaire de la psychanalyse* (Élisabeth Roudinesco).

Sauvetage(s)

Description du concept

Le sauvetage consiste à aider autrui alors que celui-ci peut s'aider tout seul. Celui qui entre en sauvetage a envie d'aider l'autre dès que celui-ci semble avoir besoin de quelque chose. Ce faisant, il exclut deux réalités : lui-même a ses propres limites en termes d'aide, et l'autre a souvent des potentialités qu'il n'a pas mises en œuvre pour résoudre ses problèmes. Le sauvetage fournit ainsi une aide supposée bonne mais que l'autre accepte passivement.

Usage et précautions d'emploi

Pour éviter le sauvetage et apporter une aide réelle et efficace, il faut respecter quatre règles : 1. vérifier que l'on est explicitement d'accord sur l'aide à apporter ; 2. vérifier que l'on a les moyens pour aider l'autre efficacement ; 3. vérifier que l'on a envie d'aider l'autre et être conscient de ses propres limites pour l'aider ; 4. vérifier que chacun assume sa part de travail.

La clarification de la demande et la contractualisation sont des éléments clés pour apporter de l'aide sans entrer dans le sauvetage.

Santé du coach

Suis-je conscient de mes propres signaux internes qui m'indiquent si je me sens libre ou non dans l'aide que j'apporte à la personne coachée ?

Origine du concept

Analyse Transactionnelle.

Indication de lecture

Chapitre 22 du *Pouvoir de négocier* (François Delivré).

Signe(s) de reconnaissance

Description du concept

Tout être humain a besoin de reconnaissance pour vivre et évoluer. Est « signe de reconnaissance » tout ce qui contribue à la satisfaction de ce besoin. La reconnaissance peut être externe, procurée par exemple par les pairs, la hiérarchie, les proches, ou interne, la personne ayant la faculté de reconnaître sa propre valeur, ses actions, ses talents… ou tout ce qui ne va pas chez elle.

On distingue les signes de reconnaissance positifs (compliments, remerciements) et négatifs (critiques…) ; les signes conditionnels (reconnaissance « à condition que », positive ou négative) et inconditionnels (reconnaissance globale sur la personne, positive ou négative).

Chaque personne et chaque groupe développent également une « économie » de signes de reconnaissance caractérisée par des flux en cinq modes : demander, donner, refuser, accepter, se donner à soi-même. Un coaching donne obligatoirement lieu à l'établissement d'une « économie » de reconnaissance entre le coach et la personne coachée.

Usage et précautions d'emploi

Veiller à la nature de l'économie de reconnaissance avec la personne coachée.

Distinguer les demandes de reconnaissance de la personne coachée auxquelles il est utile de répondre, et celles pour lesquelles cela irait à l'encontre de l'objectif de coaching.

Veiller aux éventuelles extorsions inconscientes de signes de reconnaissance que peut tenter un coaché.

De nombreux problèmes apportés en coaching viennent aussi du fait que la personne coachée a une gestion inadéquate de son économie de reconnaissance dans son contexte professionnel. Le changement de cette économie peut constituer un axe important de travail.

Santé du coach

Suis-je dépendant des signes de reconnaissance que m'envoie la personne coachée sur mon travail de coach ?

Quelle est ma propre économie de reconnaissance personnelle et professionnelle ? Qu'est-ce que je fais pour que cette économie soit en bonne santé ?

Origine du concept

Le concept d'économie de reconnaissance a surtout été développé par l'Analyse Transactionnelle.

Indication de lecture

Chapitre 8 du *Manuel d'Analyse Transactionnelle* (Ian Stewart et Vann Joines) et chapitre 5 de *Coacher avec l'Analyse Transactionnelle* (Daniel Chernet).

Situation problématique

Description du concept

La situation problématique, c'est l'ensemble des difficultés de la personne coachée décrites lors de l'analyse de la demande*. Après avoir pris connaissance de ce contexte problématique* insatisfaisant, le coach aide la personne coachée à repérer « le problème », c'est-à-dire l'écart entre la situation problématique et la situation souhaitée.

Usage et précautions d'emploi

Le coach a un rôle important pour aider la personne coachée à exprimer clairement la situation problématique, afin de repérer le vrai problème. À cette fin, il est en écoute active, avec usage de questionnements et de reformulation.

Évaluation de séance

Ai-je su aider la personne coachée à passer de la situation problématique (souvent en plainte) à la visualisation du « problème » (à l'aide, par exemple, de la baguette magique) ?*

Origine du concept

PNL.

Indication de lecture

Chapitre 1 de *Question de temps* (François Delivré).

Stratégie de coaching

Description du concept

La stratégie est l'axe directeur d'intervention tout au long d'un coaching, celui que choisit le coach pour aider la personne coachée à atteindre son objectif. C'est à la fois un programme de travail et une attitude générale de séance vis-à-vis de la personne coachée (par exemple, soutenir, dédramatiser, être ferme, faire avancer la personne coachée dans un processus de deuil* ou d'autonomie*, etc.).

Usage et précautions d'emploi

La stratégie de coaching sert de repère au coach. Elle n'est pas forcément explicitée à la personne coachée.

Origine du concept

En coaching, l'expression a été introduite par Vincent Lenhardt.

Symbiose

Description du concept

Type de relation fusionnelle dans laquelle deux personnes se comportent comme si, ensemble, elles n'en formaient psychologiquement qu'une. Dans une symbiose, une personne prend en charge les problèmes d'une autre de façon non explicite, aucune des deux n'étant autonome. La symbiose conduit aux relations de sauvetage*.

La symbiose se traduit par une sensation interne de privation de liberté psychologique.

Usage et précautions d'emploi

Ce concept peut être utilisé par un coach pour analyser sa relation avec la personne coachée, et l'ajuster le cas échéant.

Origine du concept

Analyse Transactionnelle.

Indication de lecture

Chapitre 20 du *Manuel d'Analyse Transactionnelle* (Ian Stewart et Vann Joines).

Syndrome (ou complexe) d'imposture

Description du concept

Le syndrome d'imposture est un ensemble de symptômes qui laissent penser à une personne qu'elle n'est pas à sa place dans la responsabilité qu'elle occupe. En coaching, c'est ce qui fait douter un coach d'être légitime dans l'exercice de son métier et d'être compétent pour le coaché ou de mériter son poste.

Usage et précautions d'emploi

Un coach atteint du syndrome d'imposture doute de sa capacité à être un bon professionnel, soit de façon générale, soit pour un coaching particulier et avec un coaché spécifique.

Santé du coach

Y a-t-il des contextes de coaching dans lesquels je ressens un syndrome d'imposture ?

Ce sentiment est-il justifié ou provient-il d'un manque d'estime de soi ?*

Ai-je un superviseur – voire un thérapeute – pour traiter le syndrome ?

Origine du concept

Notion inventée par Pauline Rose Clance, professeur de psychologie à l'université de Géorgie (USA).

Indication de lecture

Le complexe d'imposture ou comment surmonter la peur (Pauline Rose Clance – Flammarion).

TOB (théorie organisationnelle de Berne)

Description du concept

Il s'agit d'une grille d'analyse des organisations très complète qui permet au coach d'accompagner la personne coachée au cran 4* du curseur* (aspects structurels et stratégiques).

Elle est souvent présentée sous forme d'un tableau à cinq colonnes. Les quatre premières sont les éléments constitutifs du groupe : les diverses zones de leadership d'un groupe, les éléments structurants tels que l'organisation interne ou la culture, les « membres » du groupe et les sous-groupes, et enfin ce que produit le groupe, vis-à-vis de l'extérieur ou pour son propre fonctionnement. Le cinquième élément est l'environnement* du groupe étudié.

Usage et précautions d'emploi

Pour utiliser la TOB de façon efficace en coaching, une solide formation est nécessaire. Il s'agit en effet de naviguer souplement entre les différents éléments. La TOB n'est utilisable correctement que si elle s'applique à un groupe dont la frontière a été précisée au départ : ne pas mélanger, par exemple, la structure d'un comité de direction et l'entreprise qu'il dirige.

Un grand principe : « *L'intérieur doit pouvoir être expliqué par l'extérieur* », c'est-à-dire que les composantes du groupe et ce qui s'y passe doivent trouver leur sens dans le lien avec l'environnement*.

Santé du coach

Quelle est mon aisance profonde à travailler sur les aspects organisationnels en coaching ?

Origine du concept

Éric Berne (Analyse Transactionnelle).
Le schéma en cinq colonnes a été élaboré par Elliott Fox.

Indication de lecture

Chapitre 19 du *Métier de coach* (François Delivré).

Toute-puissance et impuissance

Description du concept

La **toute-puissance** est un fonctionnement psychologique dans lequel l'individu se croit capable de résoudre tout problème qu'on lui présente, se sent responsable de tout et de tous. Pour pouvoir fonctionner ainsi, la personne est obligée de nier une partie de la réalité : déni de ses limitations, déni du temps, déni des capacités de l'autre à résoudre ses problèmes... Elle risque aussi d'entrer facilement dans la pensée magique : les problèmes vont se résoudre comme par enchantement, les choses vont s'améliorer.

L'**impuissance** est un sentiment d'incapacité, objective ou non, à agir sur un sujet donné dans un contexte déterminé.

Usage et précautions d'emploi

Le coach qui tombe dans la toute-puissance risque d'imposer au coaché des solutions dommageables*. Le coach qui se sent dans l'impuissance à un moment du coaching doit pouvoir le vivre tranquillement comme une limite. Le travail thérapeutique* approfondi sur ce sujet est essentiel pour un coach.

Santé du coach

Quels sont les contextes de coaching dans lesquels je ressens de l'impuissance ? Est-ce que je suis capable d'accepter cet état, en particulier le fait de ne pas pouvoir parfois aider la personne coachée ?

Quels éléments de toute-puissance se manifestent parfois en séance de coaching ?

Qu'est-ce que je ressens lorsque le coaché me met sur un piédestal ?

Indication de lecture

Par-delà le Bien et le Mal et *La Généalogie de la Morale* (Friedrich Nietzsche). *Psychologie de l'inconscient* (Carl Gustav Jung).

Transfert, projection et contre-transfert

Description du concept de transfert en coaching

La notion de transfert a été développée par Freud dans le cadre particulier qu'est la cure analytique. Cette notion s'est ensuite étendue dans le langage courant dans un sens quelque peu différent. En coaching, afin que l'accompagnement puisse se dérouler harmonieusement et efficacement, le coach et le coaché ont besoin d'établir une relation de confiance dans laquelle le coaché reconnaît un certain professionnalisme au coach, une forme d'autorité. C'est par rapport à cette autorité que le coaché va se positionner et positionner son coach :

- soit en le mettant sur un piédestal et en donnant à ses paroles, ses suggestions, un poids démesuré, soit en attendant de lui passivement conseils et suggestions ;
- soit en critiquant, remettant en question, entrant dans le « oui... mais » ;
- soit en échangeant, s'enrichissant de points de vue nouveaux dans un rapport d'égal à égal.

Dans les deux premiers exemples, la figure d'autorité est investie fortement ; dans le troisième cas, elle est peu investie. C'est cet investissement que l'on appelle « transfert » en coaching.

Le coach a besoin de rester en vigilance par rapport à cet investissement qui se fait sur ce qu'il représente et non sur ce qu'il est. Une parole qu'il prononce peut avoir un poids beaucoup plus grand qu'il n'imagine, ses paroles pouvant être interprétées. Dans l'interaction que le coaché met en place (agressivité, résistances*...), il peut rejouer un scénario qui ne concerne pas la relation avec le coach.

Le coach a besoin d'être également au clair par rapport à l'attitude qu'il adopte vis-à-vis de son coaché : gourou, non interventionniste, accueillant. En effet, certaines attitudes renforcent le transfert et la complexité de la relation.

Description du concept de contre-transfert en coaching

Le coach peut également faire un transfert sur son coaché : admiration par rapport à sa position sociale, sa grande intelligence… C'est ce qu'on appelle le « contre-transfert ». Ce contre-transfert va rendre plus difficile le recul nécessaire au métier et demande également au coach une grande vigilance.

Usage et précautions d'emploi

Quel que soit le travail thérapeutique* que le coach ait accompli, le coaching reste un lieu de transfert, de projection et de contre-transfert. Il est donc important que le coach connaisse l'existence de ces processus pour être capable de les repérer et savoir quoi en faire.

Un des objectifs du coaching est de permettre à la personne coachée de progresser en l'aidant à trouver ses propres solutions. La personne coachée doit pour cela accorder au coach une certaine « autorité », de nature transférentielle, sans laquelle certaines opérations demeurent impossibles, notamment le recadrage ou le traitement de méconnaissances*.

Par ailleurs, pour évoluer et être en puissance* de soi-même, nous avons besoin de projeter sur une figure d'autorité les qualités dont nous avons besoin. Si la personne coachée voit que son coach a telle qualité, c'est que « c'est possible », et il pourra plus facilement la modéliser pour lui-même.

Consciemment ou non, un coach peut aussi utiliser le transfert de la personne coachée à ses propres fins afin de prendre du pouvoir sur elle. Le risque de « toute-puissance* » existe, et le coach peut par exemple interpréter abusivement des pensées et comportements, refuser de répondre systématiquement aux questions de la personne coachée, la déstabiliser, etc.

Santé du coach

En séance

Se poser des questions quant à la nature de la relation ; par exemple : *Est-ce que je me sens libre, est-ce que j'ai ma place pour intervenir, est-ce que je suis entendu dans ce que je propose ? Suis-je mis sur un piédestal, encensé, empêché de prendre une décision librement ? Suis-je entendu dans les limites que je mets : temps, nombre de sujets qui peuvent être traités en une séance ? Suis-je vécu par la personne coachée comme une personne ou suis-je pris comme un « fournisseur » ? Me fait-il sentir que je ne suis pas à la hauteur… ?*

En travail thérapeutique ou supervision

Analyser les situations dans lesquelles je ne me sens pas à l'aise ou, au contraire, que je crois trop bien maîtriser ; par exemple : *Tel coaché me fait peur ; me rappelle-t-il quelqu'un ? Une figure d'autorité ? Ou risque-t-il de provoquer le même type de ressenti aux autres ?*

Continuer à investiguer : *Pourquoi suis-je venu à ce métier ? Où en est ma relation au pouvoir ? Qu'est-ce que cela me fait de coacher des gens à fortes responsabilités ?*

Origine du concept

Psychanalyse.

Indication de lecture

Vocabulaire de la psychanalyse (Jean Pontalis et Jean-Bertrand Laplanche). Rubriques « Transfert », « Contre-transfert », « Projection ». *Dictionnaire de la psychanalyse* (Élisabeth Roudinesco).

Travail thérapeutique

Description du concept

Le « travail thérapeutique » n'est pas une thérapie destinée à soulager la souffrance psychique. C'est un travail personnel que fait le coach sur lui-même auprès d'un thérapeute, à fin professionnelle. Il y traite les éléments indispensables au métier tels que la confiance en soi, la relation à l'autorité, l'attitude face à la toute-puissance* et l'impuissance*, l'acceptation des émotions, etc.

Usage et précautions d'emploi

Un travail thérapeutique est indispensable à un jeune coach, même s'il a déjà effectué par ailleurs une thérapie. Il est recommandé de l'effectuer auprès d'un thérapeute qui en accepte le principe.

Santé du coach

Est-ce que je me crois en suffisamment bonne santé psychique pour ne pas faire de travail thérapeutique ?

Origine du concept

Académie du Coaching.

Indication de lecture

Partie IV du *Métier de coach* (François Delivré).

Travail de la personne coachée

Description du concept

« Travailler », en coaching, signifie mettre de l'énergie pour avancer dans la résolution des problèmes. Dans une bonne séance de coaching, c'est normalement la personne coachée qui « travaille » le plus… puisque le principe du coaching est qu'il va élaborer lui-même ses solutions. Sinon, il fait preuve de « passivité » (voir confrontation*).

Usage et précautions d'emploi

Une bonne façon d'évaluer à quel point la personne coachée travaille est de mesurer les temps de parole respectifs du coach et de la personne coachée. Lorsque c'est le coach qui travaille plus que la personne coachée, la séance est médiocre. La plupart du temps, le coach est entré sans le savoir en relation de sauvetage*.

Évaluation de séance

Qui a surtout « travaillé », la personne coachée ou moi ?

Origine du concept

Terme de la culture de coaching.

Triangle dramatique et jeu psychologique

Description du concept

Le triangle dramatique est une représentation figurative du processus des « jeux psychologiques » de l'Analyse Transactionnelle. Il comprend trois rôles : Persécuteur, Victime et Sauveteur. Deux ou plusieurs personnes prennent inconsciemment l'un des rôles pour aboutir à une issue malheureuse pour au moins l'une d'entre elles. Les rôles changent au cours du « jeu ».

Le « jeu » lui-même démarre sur un malentendu ou un piège tendu par un protagoniste (transaction dite « piégée »). Si le protagoniste est « accroché » par ce début, il s'ensuit une série d'échanges apparemment rationnels jusqu'à un retournement de situation suivi d'un coup de théâtre. Les protagonistes en tirent au final un « bénéfice » psychologique : signes de reconnaissance* négatifs et renforcement des croyances limitantes.

Usage et précautions d'emploi

Si le contrat tripartite* a été correctement conclu, le risque de « jouer » des jeux psychologiques en séance de coaching est faible. Il importe cependant que le coach sache comment diagnostiquer qu'un coaché joue des jeux psychologiques en entreprise, notamment qu'il sache repérer les transactions piégées dans ce que rapporte la personne coachée de ses relations professionnelles.

La simple présentation du concept de triangle dramatique à la personne coachée est souvent clarifiante. Le coach peut ensuite aider la personne coachée à trouver les options possibles pour faire face aux « jeux », à n'importe quel stade de ces derniers.

Santé du coach

Quelle est ma propension naturelle à « jouer » des jeux psychologiques ?

Quels sont ceux que je pourrais jouer soit avec un coaché, soit avec une entreprise ?

Origine du concept

Analyse Transactionnelle (Stephen Karpman, *Transactional Analysis Bulletin*, vol. 7, n° 26, p. 39-43).

Indication de lecture

Chapitre 21 du *Pouvoir de négocier* (François Delivré) et chapitre 6 de *Coacher avec l'Analyse Transactionnelle* (Daniel Chernet).

Zone 1

Description du concept

Terme employé pour désigner l'ensemble de la personne du coach, son identité, sa culture, son état dans l'« ici et maintenant », etc. Le terme « zone » fait référence aux zones d'intervention*.

Usage et précautions d'emploi

La conscience de sa zone 1 par le coach est primordiale pour établir ou rétablir le kit de survie*.

Santé du coach

Deux principes pour le coach :

- *« Connais-toi toi-même ! »*
- *« La personne du coach est le meilleur outil de coaching. »*

Origine du concept

Les zones d'intervention de Vincent Lenhardt.

Indication de lecture

Partie IV du *Métier de coach* (François Delivré).

Zones d'intervention

Description du concept

Les huit « zones d'intervention » sont des domaines d'investigation du coach. On y distingue trois premières zones qui forment le kit de survie*. Les cinq autres zones portent sur l'environnement* de la personne coachée (zone 5), sur son problème (zone 6), ainsi que sur les relations entre la personne coachée et son environnement (zone 4), l'environnement et le problème (zone 7) et la personne coachée et son problème (zone 8).

Usage et précautions d'emploi

L'exploration des huit zones peut se faire en parallèle avec l'analyse de la demande*.

Origine du concept et indication de lecture

Vincent Lenhardt dans les *Responsables porteurs de sens.*

Annexe 3.
L'évaluation d'une séance de coaching

Cette grille d'évaluation est systématiquement utilisée à l'Académie du Coaching pour juger de la qualité d'une « mise en situation » durant le parcours de formation. Elle est également utilisée pour la certification des élèves.

Vous venez de mener une séance de coaching et vous vous interrogez sur votre professionnalisme. Ces questions peuvent vous aider.

Vous, le coach

- Comment vous sentez-vous personnellement ? Content ? Fatigué, etc. ?
- Comment la *problématique* de la personne coachée traitée aujourd'hui vous renvoie-t-elle à votre histoire personnelle, à vos croyances, etc. ?
- Comment la *personne coachée* vous a-t-elle aujourd'hui renvoyé à votre histoire personnelle, vos croyances, etc. ?
- Êtes-vous satisfait ou insatisfait de la séance ?

Votre niveau d'énergie en fin de séance, les tensions dans votre corps qui n'étaient pas présentes en début de séance, les émotions qui vous habitent, les malaises éventuels, etc. sont souvent révélateurs soit d'une relation difficile pendant le coaching, soit d'une problématique non identifiée chez la personne coachée. L'attitude de la personne coachée à votre égard est parfois révélatrice d'un « processus parallèle* ».

Évaluation professionnelle

- Comment avez-vous géré le kit de survie* (en particulier au démarrage, pour établir le lien) ?
- Est-ce votre coaché qui a surtout « travaillé », ou est-ce vous ? Donnez une proportion en temps de parole.
- Comment a été effectuée l'analyse de la demande* (réel et situation problématique*, état désiré à la fin de la séance, besoin*, demande*) ?
- Y a-t-il eu un contrat de séance* ? À quel moment a-t-il été passé ?
- Quel est votre diagnostic en tant que coach ? Pour établir le diagnostic, vous pouvez vous servir de modèles conceptuels (diagnostic rationnel), mais aussi de votre intuition :
  - diagnostic sur la personne coachée ;
  - diagnostic de l'entreprise de la personne coachée (utilisez, si nécessaire, les zones d'intervention* ;
  - ce que vous estimez être son problème réel ;
  - ce que vous pensez être ses besoins* profonds pour résoudre son problème (besoins en séance et hors séance).
- Avez-vous permis à la personne coachée d'effectuer un progrès notable ?
- Y a-t-il eu des interventions dommageables* ?
- Comment avez-vous investi votre zone 1* ?
- Quelles sont les « opérations » que vous avez effectuées (questionnement, reformulation, métacommunication*, permission et protection*, recadrage, confrontation*, etc.) ?
- Quelle suite prévoir à cette séance ?

Index des concepts

D

E

F

G

I

K

L

M

P

R

S

T

Z

Bibliographie

ANDRÉ Christophe et LELORD François, *L'estime de soi*, Odile Jacob, 2007.

CHERNET Daniel, *Coacher avec l'Analyse Transactionnelle*, Eyrolles, 2009.

Les classiques de l'AT, vol. 2 (années 1977/1980) et 3 (années 1981/1984), IFAT, 1987 et 1992.

DELIVRÉ François, *Métier de coach*, Éditions d'Organisation, 2004.

DELIVRÉ François, *Pouvoir de négocier*, Dunod, 2005.

DELIVRÉ François, *Question de temps*, InterÉditions, 2007.

FAURÉ Christophe, *Vivre le deuil au jour le jour*, Albin Michel, 2004.

JUNG Carl Gustav, *Psychologie de l'inconscient*, LGF Le Livre de Poche, 1995.

KOURILSKY BELLIARD Françoise, *Du désir au plaisir de changer*, Dunod, 2008.

LENHARDT Vincent, *Responsables porteurs de sens*, Insep Consulting, 2002.

NIETZSCHE Friedrich, *Par-delà le Bien et le Mal*, LGF Le Livre de poche, 1995.

NIETZSCHE Friedrich, *La généalogie de la morale*, LGF Le Livre de Poche, 2000.

PINA Antoine et Danielle, *Sources et ressources de la PNL*, InterÉditions, 2001.

PONTALIS Jean-Bertrand et LAPLANCHE Jean, *Vocabulaire de la psychanalyse*, PUF, 2004.

ROUDINESCO Élisabeth, *Dictionnaire de la psychanalyse*, Fayard, 2006.

STEWART Ian, JOINES Vann, *Manuel d'Analyse Transactionnelle*, InterÉditions, 2000.

WATZLAWICK Paul, BEAVIN Janet Helmick et JACKSON Donald De Avila, *Une logique de la communication*, coll. « Points Essais » Le Seuil, 1979.

WATZLAWICK Paul, Weakland John H. et Fisch Richard, *Changements*, coll. « Points Essais » Le Seuil, 2001.

Composé par Sandrine Rénier

Achevé d'imprimer en janvier 2022
sur les presses de la Nouvelle Imprimerie Laballery
58500 Clamecy (Nièvre)
Dépôt légal : mai 2019
Édition 01 - tirage n°13
N° d'impression : 201402

Imprimé en France

La Nouvelle Imprimerie Laballery est titulaire de la marque Imprim'Vert®